POSITIV DENKEN

Wie Sie Glück und Zufriedenheit erlangen.
Für ein Leben mit weniger Sorgen und mehr Lebensqualität

Simone Kerber

Inhaltsverzeichnis

Einführung 1

Kapitel 1: Positiv Denken, um positives Verhalten zu lenken 4

Kapitel 2: Dankbarkeit 9

Kapitel 3: Negative und zerstörerische Gedanken stoppen 21

Kapitel 4: Positiv Denken mit Meditation 32

Kapitel 5: Geben Sie Raum für positive Gedanken 37

Kapitel 6: Halten Sie sich fern von instabilen Beziehungen 45

Kapitel 7: Machen Sie sich keine Sorgen 52

Schlussfolgerung 60

Einführung

Stellen sie sich ihren Lieblingscharakterdarsteller/in oder eine berühmte Person vor. Denken sie an jemanden, den Sie ehrlich bewundern oder der/die Sie inspiriert. Was macht diese Person so einzigartig? Wie unterscheidet er oder sie sich vom Rest? Ist es harte Arbeit oder einfach nur Glück? Sehr wahrscheinlich ist es die Art und Weise, wie diese Personen ihr Leben meistern. Menschen, die ein erfolgreiches Leben mit Dankbarkeit leben, sind häufig optimistischer als andere.

Diese Art Mensch hat eine positiv gestimmte Denkweise und sind höchst produktiv, weil sie ihre Energie konstruktiv einsetzen. Diese Menschen können Misserfolge überwinden und trotz dieser Misserfolge eine sehr erfolgreiche Zukunft aufbauen. Sie sind die Führungspersönlichkeiten, Visionäre und Wegweiser von Morgen. Und wissen Sie was? Sie besitzen diese Fähigkeiten auch, denn positives Denken tragen Sie sozusagen in sich. Sie müssen es nur aktivieren, damit es anspringt. Das Einschalten liegt nicht in anderen Händen, sondern allein in Ihren. Wenn Sie erst einmal verstanden haben, wie einfach und kraftvoll positives Denken sein kann, werden Sie auch schnell feststellen, dass Sie immer seltener in das alte Muster mit unnützen oder negativen Gedanken zurückfallen.

Negative Gedanken sind absolute Hindernisse und es ist schwer diese zu überwinden. Natürlich ist es nicht immer einfach von negativen in positive Gedanken zu wechseln. Trotzdem ist es die Mühe wert, wenn Sie verhindern wollen weiterhin einen Weg mit unnötigem Schmerz und sinnloser Angst zu gehen. Der Wechsel von negativen zu positiven Gedanken geschieht nicht von heute auf morgen. Es ist ein schrittweiser Prozess, der Zeit, Disziplin und ständige Anstrengungen benötigt, um bewusst positiv und zuversichtlich zu denken, sobald unsere Gedanken wieder von Angst und Unsicherheit gelenkt werden.

Es gibt eine Menge Beispiele aus medizinischer Sicht, dass selbst die beste Behandlung, Medizin und Gesundheitspflege nicht genügen für eine komplette Gesundung. In diesen Fällen hilft nur positives Denken. Es wandelt den hilflosen Geist des Patienten um in absolute Kontrolle über den Geist. Von Verzweiflung hin zu Hoffnung und von Krankheit zu Heilung.

Selbst ein stark spirituell entwickelter Geist ist nicht vor negativen Gedanken geweiht. So liegt es in unserer Natur Ängste, Befürchtungen, Schmerz und Zweifel in unserem Kopf wieder und wieder durch zu spielen und diese zu zulassen. Es ist normal, in bestimmten Situationen Angst zu versagen, zu haben. Beispielweise die Präsentation vor Kollegen und dem Chef. Der ansteigende Stresslevel vor einem wichtigen Jobinterview ist auch völlig normal, da man das zukünftige Gehalt zum Überleben im Kopf hat. Jedoch saugen negative Gedanken all die wichtige Energie auf und hält Sie davon ab in der Gegenwart zu leben. Was passiert, wenn ein Ball auf dem Boden rollt? Er kommt in Schwung und rollt schneller. Und das ist genau das, was in unserem Kopf geschieht: Ein rollender Ball voller negativer Gedanken.

Gedanken beschleunigen ihre Intensität bis sie ganz und gar unseren Geist eingenommen haben. Dann fühlen wir uns erschöpft, demotiviert und unbedeutend. Je mehr Sie sich den negativen Gedanken hingeben, desto stärker werden sie. Diese kontrollieren Sie und halten Sie davon ab, sich anderen produktiveren Aufgaben zu zuwenden.

Jetzt bedenken Sie, welche Wirkung ein einziger positiver Gedanke haben kann. Würde es nicht etwas Wundervolles hervorbringen? Das ist die Kraft ihrer Gedanken und ihres Unterbewusstseins. Sie bestimmen und lenken ihr Handeln. Je positiver, angeregter und

POSITIV DENKEN

konstruktiver ihre Gedanken sind, desto höher sind ihre Chancen auf ein positives, lohnendes und erfülltes Leben. Denn, wie heißt es so schön: „Gedanken werden zu Dingen."

Wie schafft man es nun, negative Haltungen und negative Gedanken zu überwinden? Wie kann man destruktive Gedanken und kraftraubende Energie umwandeln in konstruktiv Mentales für ein wunderbares Leben? Wie schafft man eine optimale Nutzung positiven Denkens für eine enorme Umwandlung?

Im Folgenden bekommen Sie nützliche Tipps negative Gedanken wie eine Führungsperson zu überwinden.

Dieses Buch ist gefüllt mit praktisch anwendbaren Hilfestellungen, die Sie dabei unterstützen, in eine Stimmung des positiven Denkens zu kommen. Es gibt viele Tipps, als auch bereits getestete, fachmännische Strategien, die zeigen wie sie beginnen können, die Kraft der positiven Gedanken zu bündeln und zu nutzen. Diese handfesten Schritte und präzisen Handlungsweisungen verhelfen Ihnen dabei negative Gedanken zu überwinden, damit Sie ihr Potential - ein Leben ganz nach ihren Vorstellungen zu leben – vollends ausschöpfen können.

Der Schlüssel zu positivem Denken liegt in diesem Buch.

Kapitel 1: Positiv Denken, um positives Verhalten zu lenken

Untersuchungen zeigen stetig auf, dass positives Denken mehr ist, als das Gefühl des Glücks oder Zufriedenheit. Positives Denken kann den wahren Wert aufdecken und dabei die Entwicklung von kraftvollen Kompetenzen fördern, die wertvoller sind als ein Lächeln oder euphorische Stimmungen. Wie beeinflusst positives Denken unser Handeln? Wie können wir uns die Kraft des positiven Denkens für unser Verhalten zu nutze machen?

Welche Auswirkungen hat negatives Denken auf unser Tun und Handeln?

Gedanken sind der Schlüssel

Gedanken sind der Schlüsselfaktor. Sie beeinflussen unser Verhalten – Was Sie fühlen und wie Sie sich verhalten. Zum Beispiel wenn Sie ihren Tag bereits mit den Gedanken beginnen „Das Interview heute wird sowieso daneben gehen. Ich habe das im Gefühl."

Dieses „Einreden" führt zu Stress und Nervosität und beeinflusst direkt den Verlauf des Interviews und ihre gesamte Leistungsfähigkeit. Ihre Gedanken führen zu dem Glauben, in dem Interview zu versagen. Das manifestiert sich sogleich in ihren Handlungen. Beispielsweise, in ihrer Wortwahl, wenn sie nicht klar und deutlich spreche, oder in ihrem Selbstbewusstsein.

Ihr Verhalten verstärkt Ihre Gedanken. Der Gedanke, dass Sie nicht gut genug seien, verschafft sich eine Art Eigendynamik, um Sie letztendlich zu überzeugen, nicht gut genug zu sein. Die Korrelation zwischen den Gedanken und dem Verhalten ist somit verstärkt.

Diese Voraussetzung dient dazu, verschiedene psychische Belange wie Angst, Depressionen und Stress zu heilen. Es kann im unternehmerischen Rahmen gebraucht werden, um Ihre Leistungsfähigkeit und den Teamgeist zu steigern sowie die Führungseigenschaften zu fördern.

Schadhafte Auswirkungen des negativen Denkens

Stellen Sie sich Folgendes vor: Sie laufen durch einen dichten Wald und plötzlich stellt sich ihnen ein wildes Tier in den Weg. Ihr Gehirn meldet sofort eine negative Aktion an, nämlich Angst. Studien haben belegt, dass negative Gefühle das menschliche Gehirn regelrecht programmieren, um eine bestimmte Aktion auszuführen. Zum Beispiel wenn das wilde Tier plötzlich auftaucht und Sie fliehen. Sie fokussieren sich komplett auf das Tier, die Angst in ihnen und wie Sie aus dieser Situation wieder herauskommen können.

Negative Emotionen engen die Gedanken allerdings ein. Die Gehirnzellen ignorieren jede denkbare Alternative wie beispielsweise auf den Baum zu klettern, einen Stock zu nehmen oder sich tot zu stellen. In der Wirklichkeit ist es genauso: Negative Gedanken sind Hemmnisse. Es programmiert unser Gehirn auf negative Emotionen in beschränkter Art und Weise zu reagieren, indem positive Alternativen einfach ausgeblendet bzw. abgedrängt werden.

Beispiele dafür sind Wut und andere Emotionen, die in ihrer gesteigerten Form rationales Handeln verhindern. Das gleiche passiert auch, wenn die „To-Do-Liste" zu lang ist und man zu viele Dinge auf einmal erledigen will. Wir geraten dann in eine Art paralytischen Zustand, der es beinahe unmöglich macht, einen klaren Kopf zu behalten. Wie fühlen Sie sich, wenn sie keinen Sport ausüben oder sich nicht gesund ernähren? Sie fühlen sich elend, weil sie den inneren Schweinehund nicht überwinden konnten und das wiederum führt zu Faulheit und noch weniger Willensstärke.

Demnach ist es wichtig zu wissen, dass Gedanken unser Handeln gestalten und beeinflussen.

Wir führen das aus, was wir denken und was unsere Gedanken dominiert.

Wie positives Denken positives Handeln schafft

Reines positives Denken ist nicht gleichzusetzen mit ein paar Stunden des Glücksgefühls. Der größte Vorteil des positiven Denkens ist, dass Fähigkeiten und Lebensressourcen aufgebaut werden können. Barbara Fredrickson, Psychologin an der University North Carolina, hat auf dem Gebiet „Der Nutzen positiven Denkens und der Einfluss auf das Leben" bereits eine Fülle an Studien aufgestellt.

Fredrickson hat sich dabei auf die ´broaden and build ´- Theorie fokussiert. Die besagt, dass positives Denken die Sinne für andere, neue Möglichkeiten schärft und das Denken erweitert. Außerdem schafft es neue Ressourcen und Fähigkeiten für unterschiedliche Lebensbereiche. Im Kontrast dazu, ist negatives Denken nur hinderlich, denn es richtet den Blick nur auf die Bedrohung, wie in dem Beispiel mit dem wilden Tier im Wald. Der Fokus liegt dabei eben nicht auf dem Aufbau von Fähigkeiten, die wertvoll für die Zukunft wären.

Es stimmt also, wenn man sagt, dass Gedanken den Charakter formen. Sie legen fest wie sich ein Individuum in der Welt bewegt und wie sich eine Person physisch, emotional und spirituell verhält. Wir sind sozusagen eine Vereinigung von all dem, was wir denken. Jede Handlung entsteht durch Gedanken. Die innere Gedankenwelt beeinflusst direkt externe Umstände. Ein Wandel, der selbst gewollt und verursacht wird, ist oft durch die Veränderung des Gedankenmusters entstanden. Wenn zum Beispiel eine schlechte Angewohnheit aufgegeben werden soll, verhilft dazu nur eine Veränderung der eigenen Gedanken. Zu erst müssen Sie sich über die negativen Auswirkungen im Klaren sein, um die Angewohnheit aufgeben zu können.

Sehen Sie dies als wissenschaftliches Prinzip. Wie unser Gehirn unser Verhalten steuern kann. Jeder Gedanke setzt Chemisches frei. Negative Gedanken verhindern eine „Fühl-Dich-gut" Stimmung. Sie verlangsamen unser Gehirn, verdunkelt die Gehirntätigkeit und dessen Funktionen und verursacht Depressionen. Auf der anderen Seite verringert positives Denken die Menge an Cortisol (Stresshormon) und fährt dafür die Produktion von Serotonin (Glückshormon) hoch. Das verhilft unserem Gehirn zu optimaler Leistung.

Trainiere dein Gehirn, positiv zu denken

Die Handlungen, die wir durchführen, lassen verschiedene Regionen in unserem Gehirn wachsen oder schrumpfen. Je mehr wir unser Gehirn anweisen, desto mehr kann sich dessen kortikaler Raum erweitern, um neue Aufgaben bewältigen zu können. Es entwickelt starke Verbindungen innerhalb dieser Räume, die die gewünschten Verhaltensmuster und die Gedanken hervorheben, während es die anderen Verbindungen schwächt. Folglich sind wir das, was wir denken und fühlen. Egal, was wir denken oder sagen. All das spiegelt sich in unserem Verhalten wider. Was wir nach Außen hin zeigen, ist ein Resultat aus dem, was wir glauben/denken. Das bedeutet, dass wir unser Gehirn tatsächlich trainieren können, positiver zu denken.

Beginnen Sie ihre Gedanken, positiv zu stimmen. Lernen Sie, auf die schönen Seiten der Dinge zu schauen. Konzentrieren Sie sich darauf, sobald negative Gedanken aufkommen. Ihr Geist wird komplett von Gedanken kontrolliert. Sie sind der Führer dieses Boots und kontrollieren die Richtung ihrer Gedanken. Ihre Gedanken sind in der Lage, ihr Leben zu gestalten. Nutzen

SIMONE KERBER

Sie diese Gedanken vorteilhaft, um Umstände/Events zu zeichnen und denken sie positiv. Positives Denken sollte nicht als kurzzeitige Wohlfühlphase dienen oder als Syndrom des Optimismus. Machen Sie es zu ihrer Lebensphilosophie. Beziehen Sie positives Denken in ihren Lebensstil ein, um Zeuge der Vorteile auf ein erfülltes und zufriedenes Leben, zu werden.

Kapitel 2: Dankbarkeit

Haben Sie sich jemals vorgestellt, wie das Leben wäre, ohne alle diese wundervollen Gaben, die wir heute genießen? Die Luft, die wir atmen, das Wasser, das wir trinken, die Augen mit denen wir das Schöne um uns herum wahrnehmen, die Hände, die uns das Arbeiten ermöglichen. Schon einmal ausgemalt, wie hart das Leben wäre ohne diese Wunder? Aber geben wir diesen Dingen genügend Wertschätzung? Zeigen wir ausreichend Dankbarkeit für das, was wir haben oder ärgern wir uns einfach nur ständig darüber, was wir nicht haben? Dankbarkeit ist die Stärke des positiven Denkens.

Wir neigen dazu, die positiven Dinge in unserem Leben zu ignorieren und legen den Fokus auf das Negative, was dann dazu führt, dass wir unseren Seelenzustand ruinieren. Erinnern Sie sich – Sie haben ein Dach über dem Kopf und Nahrung im Kühlschrank, was für eine große Mehrheit der Menschen auf der Welt keine Selbstverständlichkeit ist, weil sie jeden Tag dafür kämpfen müssen. Wir haben also schon eine Menge Dinge, für die wir dankbar sein müssen. Dennoch nehmen wir diese Dinge als selbstverständlich hin und fixieren das, was wir nicht besitzen.

Dankbarkeit auszudrücken ist der beste Weg, eine positive Einstellung zu verstärken.

Wenn wir unseren Fokus wegbewegen, von dem was wir vermissen, hin zu dem, was wir bereits besitzen, wirken wir positiver. Wir lenken unsere Gedanken bewusst. Hin zum Positivem. Für die Dinge, die wir haben dankbar zu sein, erlöst uns von angestauter Negativität, zu der wir neigen und an der wir festhalten. Dankbarkeit schenkt uns sofort das Gefühl von Ermunterung und Liebe. Wenn sich Liebe, Dankbarkeit und eine positive Einstellung in ihrem Verstand verankert haben, wird es fast unmöglich negative Gedanken zu zulassen.

Die Vorteile, ein Leben mit Dankbarkeit zu führen, sind grenzenlos. Menschen, die beständig dankbar sind, indem Sie die Dinge wertschätzen, können reflektieren für welche Dinge sie tatsächlich dankbar sind und erfahren demnach mehr positive Emotionen. Sie fühlen sich vitaler und lebhafter, schlafen deutlich besser, sind empathischer und können sich sogar mit einem gesunden Körper brüsten.

Für Dankbarkeit muss es keinen Anlass geben. Wir können genauso dankbar für einen Apfelkuchen sein. Den Unterschied machen die kleinen Dinge, für die wir dankbar sind.

Der Psychologe Robert Emmons hat herausgefunden, dass das Aufrechthalten von Dankbarkeit in einem Protokoll verschriftlich mit der nötigen Reflexion, zu Dankbarkeit und dazu führt, unsere Zufriedenheit und insgesamt das Wohlbefinden stetig zu steigern.

Wie können Sie nun das Dankbarkeitsgefühl entwickeln? Wie können Sie Dankbarkeit in ihr tägliches Leben integrieren? Welche einfachen, und dennoch effektiven Dinge können Sie tun, um den Zustand des Undankbaren in den Zustand der Dankbarkeit und Erkenntlichkeit zu verwandeln? Im Folgenden lesen sie wirkungsvolle Strategien für ein mit Dankbarkeit gefülltes Leben.

Schreiben Sie ein Dankbarkeitsprotokoll

Listen Sie alle Dinge, für die Sie in ihrem Leben dankbar sind, in einem Protokoll auf.

Machen Sie es sich zur Gewohnheit die besten Dinge am Ende des Tages, zu notieren. Die Dinge, die ihnen im Alltag passieren. Wahlweise können Sie auch auflisten, wofür Sie in ihrem Leben dankbar sind.

POSITIV DENKEN

Konzentrieren Sie sich auf die Details, nicht auf die Länge der Liste. Benennen Sie diese konkret, also warum Sie dankbar sind, wie diese für ihr Leben wertvoll sind und Sie zu einem besseren Menschen machen. Details darüber wird ihnen das Positive daran verinnerlichen. Es erlaubt Ihrem Verstand, die starken Signale zu empfangen, die direkten Einfluss auf ihr Verhalten und ihre Handlungen haben.

Schreiben Sie über Menschen, für die Sie Dankbarkeit verspüren. Jenen Menschen dankbar sind, die sie inspirieren, zu ihrem Leben beitragen und ihnen helfen ein besserer Mensch zu sein. Welche Qualitäten zeichnen diese Personen aus? Was können Sie von ihnen lernen? Inwieweit inspirieren Sie diese Personen?

Warum nun sollte dieses Dankbarkeitsprotokoll auf Stichworte beschränkt sein? Es kann alles enthalten von Flugtickets zu Konzertpässen, Rechnungen und Kochrezepten. Das protokollieren von Dankbarkeit muss nicht zwingend langweilig und einfallslos sein. Es kann Spaß machen und ein stimulierender Prozess sein, der Sie in eine sehr positive Stimmung versetzt. Malen Sie Bilder, erstellen Sie eine Bildcollage, nutzen Sie Sticker, zeichnen Sie Karten – tun sie alles, was ihnen hilft wunderbar und inspiriert zu sein, wenn Sie sich alles in ihrem Protokoll ansehen.

Sehen Sie das Protokoll nicht als (Schreib)Pflicht, die erledigt werden muss. Das macht das ganze kontraproduktiv. Lieber fühlen Sie, was Sie aufschreiben. Schreiben Sie nicht, wenn Sie in Eile sind, sondern genießen Sie jedes Wort. Schreiben Sie nicht, wenn Sie das Gefühl haben, es tun zu müssen. Strengen Sie sich an, jedes Wort, das Sie schreiben, zu fühlen. Glauben Sie, was Sie schreiben. Genießen Sie, was sie schreiben. Der Prozess verinnerlicht alles und führt effektiv zu positiven Gedanken.

Vermeiden Sie, die gleichen Dinge wieder und wieder zu erwähnen. Stattdessen erweitern Sie den Bereich der Dankbarkeit und konzentrieren sich auf die Fülle für die Sie dankbar sind. Zum Beispiel sind Sie an einem Tag dankbar für ihre Kinder, an einem anderen Tag sind Sie dankbar für die Erinnerung an einen wundervollen Tag mit ihnen. An einem anderen Tag möchten Sie Dankbarkeit für eigene Fähigkeiten ausdrücken. Wenn Sie verschiedene Dinge für die Sie jeden Tag dankbar sind, aufschreiben, werden Sie feststellen, wie viele Gaben ihnen zuteil werden.

Schreiben Sie eine bestimmte Anzahl auf, ohne einen Punkt davon zu wiederholen. Diese Art und Weise ist von Zeit zu Zeit herausfordernder und weitet ihr Bewusstsein für ihre Dankbarkeit für Kleinigkeiten um Sie herum aus. Sie werden beginnen jede kleinste Sache aus Sicht der Dankbarkeit zu betrachten.

Machen Sie eine Liste mit ihren Fähigkeiten und ihren Stärken. Denken Sie an alle ihre Fähigkeiten. Welche Dinge können Sie besonders gut? Sind Sie ausgebildete(r) Tänzer/Tänzerin? Oder ein talentierte(r) Sänger/Sängerin? Oder ein(e) Künstler/Künsterlin? Welche Fähigkeiten machen Sie einzigartig? Welches sind ihre speziellen Charaktereigenschaften? Das kann alles sein. Von dem empathischen Zuhörer bis hin zum Entertainer. Sie können ein sehr guter Freund oder ein ausgewöhnlicher Lehrer sein. Bestimmen Sie diese speziellen Eigenschaften. Sie haben die Kraft. Niemand sonst kann Sie sein. Stellen Sie sicher, dass ihr Protokoll genau diese Dinge reflektiert.

Das Schreiben ist als reinigender Prozess zu sehen. Seine Tragweite für das eigene Unterbewusstsein ist unermesslich, denn es ist der Prozess des Fühlens, Denkens und Handelns.

Das Unterbewusstsein empfängt, während Sie schreiben, Signale. Sie verinnerlichen alles, wenn Sie schreiben. Das Unterbewusstsein besitzt allerdings nicht die Kapazität zwischen realen und imaginären Szenarien zu unterscheiden.

POSITIV DENKEN

Alles was ihr Unterbewusstsein aufnimmt, wird als Wahr abgespeichert. Das führt dazu, dass ihr Geist im Rhythmusreagiert, mit allem was Sie schreiben oder was ihr Unterbewusstsein glaubt, wahr zu sein. Wenn Sie beispielsweise weiterhin ihr Ziel ein Haus zu kaufen detailliert aufschreiben, wird ihr Geist ihre Handlung nach ihrem Ziel ausrichten. Sie werden dann das Sparen für das neue Haus fokussieren oder unbewusst anfangen potentielle Häuser auf ihrem Weg zur Arbeit abzusuchen. Die Gedanken mit denen Sie ihr Unterbewusstsein nähren, sind direkt in ihren Handlungen zu sehen.

In einer Studie aus einem Forschungsmagazin für Persönlichkeit wurden 90 Studenten ohne Abschluss in 2 Gruppen aufgeteilt. Die erste Gruppe der Studenten ohne Abschluss wurde gebeten, eine außergewöhnlich positive Erfahrung für drei aufeinander folgende Tage aufzuschreiben. Der zweiten Gruppe wurde das Kontrollthema zu gewiesen. Drei Monate später, stellte sich heraus, dass die Studenten, die über ihre positiven Erfahrungen schrieben, eine positivere Stimmung, weniger Krankheiten und weniger Arztbesuche verzeichneten. Stellen Sie sich vor - nach nur drei Tagen.

Der gesamte Gedankenprozess kann durch stetiges, reflektiertes und einfühlsames Schreiben verändert werden. Sie werden negative Umstände anders denken, fühlen und bewerten. Sie werden in Allem tendenziell die positive Seite sehen, und das wird sich in ihren konstruktiven Handlungen widerspiegeln.

Schätzen Sie die Wirkungskraft

Genießen Sie jeden winzigen Moment im Leben und schauen Sie in den Himmel, um dem Universum für alles zu danken. Sie werden feststellen, dass es etwas Größeres gibt, als Sie, und dafür sollten Sie dankbar sein. Das Universum hat alles geschaffen: Vom Strand bis zur Landschaft bis zu atemberaubenden Wasserfällen.

Es ist eine unglaubliche Kraft, die Sie mit ihrer täglichen Segnung überkommt.

Wenn wir Dankbarkeit gegenüber dieser höheren Kraft verspüren, diese wertschätzen und aussprechen, dann fühlen wir uns positiv und inspiriert. Es macht die Dinge, die wir jeden Tag übersehen, offensichtlich. Wenn wir diese Dinge wertschätzen, verhilft es uns, das Glück, mit dem wir ausgestattet sind dankend anzunehmen und in etwas Höheres zu vertrauen.

Nächstes Mal, wenn ihr Telefon plötzlich nicht mehr funktioniert, denken Sie nicht wie ärgerlich das ist, sondern erinnern Sie sich an den Nutzen als es noch funktionierte. Alle die schönen Bilder, die Sie damit gemacht haben, Verbindungen zu wem auch immer zu aufrechtzuerhalten, Nachrichten und Anrufe zu tätigen. Für alle diese Sachen, die das Telefon für Sie tat, sollten Sie dankbar sein. Danken Sie dem Universum für die Hilfe, dass Sie in Verbindung bleiben mit ihren Geliebten. So legen Sie den Fokus vom Jetzt zum Großen und Ganzen.

Ein kleines Gebet der Dankbarkeit, wenn Sie dem Universum oder der Übermacht dankbar sind, selbst, wenn die Dinge nicht so verlaufen wie Sie sollten. Das wird ihnen mehr Hoffnung geben. Es wird Sie mit einem größeren Sinn für Positives und Optimismus übermannen. Und Sie werden lernen, der Übermacht zu vertrauen.

Starten Sie einen Kreislauf der Dankbarkeit

Wie oft bedanken Sie sich bei dem Tankwart an der Tankstelle? Oder der Person, der ihre Bestellung im Café aufnimmt? Oder der Person, die den Müll abholt? Wie oft bedanken Sie sich bei denen, die ihnen täglich behilflich sind? Wie würde ihr Leben aussehen, wenn die Müllabfuhr nicht regelmäßig käme? Klar ist, dass wir diese Dienste und die Menschen, die diese Dienste ausführen als selbstverständlich betrachten.

POSITIV DENKEN

Schätzen Sie Menschen und beschweren Sie sich weniger. Sprechen Sie dem Barista, der ihren Kaffee kocht, ein Kompliment aus. Bedanken Sie sich bei dem Kellner, der ihnen die Tür aufhält. Danken Sie dem Hausmeister oder dem Verkäufer, der ihnen ihr Leben vereinfacht.

Beginnen Sie einen Zyklus der Dankbarkeit mit zufällig ausgewählten Nettigkeiten. Dieser wird eine Schleife des Glücks, der Hoffnung und der Dankbarkeit auslösen.

Beispielsweise, wenn Sie einfach den Kaffee für die Person hinter ihnen in der Schlange bezahlen. Bitten Sie dann diese Person auch eine Handlung des Glücks, an eine andere Person weiterzugeben. Die nächste Person kann auch gefragt werden, die Kette der Dankbarkeit weiterzuführen. Das wird ihnen erlauben, gütig zu sein und Positives zurück zu bekommen. Wenn Sie wirklich jemandem danken wollen, dann tun Sie etwas Nettes für diese Person.

Gehen Sie los und vergeben Sie täglich Komplimente an einige Menschen. Denn, wie schon erwähnt, wird das den Kreislauf der Dankbarkeit und Wertschätzung in Gang setzen.

Das wird das Gefühl von Positivem in hohem Maße in Ihnen erzeugen. Automatisch fühlen Sie sich gut, wenn Sie das Gute in anderen auch wertschätzen.

Üben S**ie Dankbarkeit beim Abendessen**

Das Abendessen ist eine gute Gelegenheit für die gesamte Familie zusammenzukommen und dankbar zu sein. Sie teilen die Dinge, für die Sie den Tag über dankbar waren. Was waren die besten Momente des Tages? Wofür waren Sie während des Tages sehr dankbar? Auch wenn es Tage gab, die nicht so gut verliefen, bleiben Sie konzentriert bei den Aspekten, für die Sie dankbar sind.

Wenn wir das Gefühl der Dankbarkeit, des Glaubens und der Erfahrungen mit anderen teilen, verhilft uns eine gute Verbindung aufzubauen. Diese Prozedur sollte aber nicht nur am Ernte Dankfest ausgeübt werden.

Schreiben Sie einen Brief

Gibt es jemanden, der ihr Leben nachhaltig positiv beeinflusst hat? Das kann jeder sein, ob Trainer, Freund, Lehrer oder Mentor. Haben Sie denen schon einmal gesagt wie wundervoll ihr Leben von ihnen beeinflusst wurde? Worauf warten Sie? Schreiben Sie einen handgeschriebenen Brief voller Dankbarkeit, an die Person, damit sie um ihre Wirkung auf ihr Leben und Wertschätzung weiß.

Es gäbe Pluspunkte auf ihrer Dankbarkeitsliste, wenn Sie diesen Brief persönlich abgeben oder ihn dieser Person laut vorlesen. Die Chancen stehen groß, dass diese Helden nicht einmal wissen, dass sie diese Wirkung auf ihr Leben hatten. Wenn Sie ihre Dankbarkeit gegenüber anderen offen zeigen und aussprechen können, werden Sie in Zukunft auf noch mehr wundervolle Menschen in ihrem Leben treffen.

Üben Sie, das Negative zu vermeiden

Versuchen Sie für ein paar Tage einmal nicht zu meckern oder zu lästern. Danach versuchen Sie es für eine Woche. Vermeiden Sie für ein paar Tage Kritik an anderen oder hinter deren Rücken schlecht über Sie zu sprechen. Sie werden überrascht sein wie viel positive Energie das freisetzt. Beschweren, Kritik üben und über andere lästern, lenkt unsere Energie zu negative, unproduktiven Gedanken. Wenn Sie allerdings mit Begeisterung über Menschen sprechen, sammeln sich positive Gedanken eher an und Sie fühlen sich besser.

POSITIV DENKEN

Leisten Sie einen Beitrag

Wenn Sie einen Beitrag zu ihrem eigenen Leben leisten, werden Sie verstehen, wie viel Glück Sie haben einen Unterschied für andere und deren Leben zu geben. Ihr Selbstwertgefühl wird gesteigert, wenn Sie etwas von ihrer Zeit, ihrem Geld oder ihren Bemühungen als großzügigen Akt sehen und abgeben. Sie fühlen gleichzeitig mehr Dankbarkeit, wenn Sie realisieren, dass es ihnen mit dem was Sie haben sehr gut geht und Sie eine/r von wenigen sind, die dieses Glück haben.

Forschen Sie einmal in ihrer Nachbarschaft nach, ob es dort Menschen gibt, die sich sozial engagieren. Dort mitzuwirken, wird sie inspirieren und erheblich für ihr weiteres Leben sein. Freiwilligkeitsarbeit ist auch ein guter Weg sich mit Gleichgesinnten zusammen zu finden, um mehr über deren Mission zu lernen und um die Probleme derer zu verstehen, die weniger Glück im Leben haben als Sie. Das wird es ihnen einfacher machen, dankbar zu sein und vor allem etwas von dem zurück zu geben.

Komplimente, die von Herzen kommen

Wenn Menschen aufrichtige Komplimente bekommen, fühlen Sie sich wertgeschätzt und wahrgenommen. Und sind eher dazu befähigt, auch Komplimente zu verteilen. Der Geber des Kompliments wird eine tiefe Verbindung zur Güte erfahren. Jedes Kompliment verstärkt die Bindung zum Positiven. Geben Sie ernstgemeintes Lob und schmeicheln Sie nicht dahin. Halten Sie sich fern von zweifelhaften Komplimenten wie „Du kochst einfach zu gut für einen Mann."

Bleiben Sie konzentriert am Detail und vermeiden Sie schwammige Komplimente. Lieber sagen Sie jemandem, dass Sie ganz spezielle Elemente an deren Einrichtung sehr mögen, als das Sie ein allgemeines Kompliment zu deren Einrichtung machen. „Ich mag die Farbe der Gardine sehr oder die Wandfarbe", um nur ein Beispiel zu nennen.

Das macht das Kompliment authentisch und ehrlich. Auch wenn es verführerisch scheint, aber tun Sie nie ein Kompliment einfach ab. Indem Sie beispielsweise einfach sagen „Ich sehe nicht hübsch aus. Das ist nur der Winkel der Kamera und der Filter." Das wäre gleichbedeutend mit dem Zurückweisen einer gutgemeinten Geste.

Vereinen Sie sich mit der Natur

Mutter Natur ist der Ursprung allen Lebens. Seien Sie ihr, als eindrucksvolle Kraft dankbar. Machen Sie lange Spaziergänge. Nehmen Sie die natürliche Schönheit in ihrer Umgebung wahr. Picknicken Sie im Park oder am Strand. Erleben Sie die Morgensonne. Leihen Sie sich einen Kajak oder fahren Sie Kanu. Klettern oder Bergsteigen, oder andere Outdoor Aktivitäten, reservieren Sie einen Tisch auf der Terrasse ihres Lieblings-restaurants. Die Natur ist allgegenwärtig. Sie müssen nur die Pracht erkennen, Sie erfahren und sich mit ihr vereinen.

Kontaktieren Sie ihre Liebsten

Aufgrund unseres straffen Zeitplans und unsere Fülle an Aktivitäten vergessen wir oft unsere wertvolle Zeit mit unseren Lieben den zu verbringen. Jetzt kommen noch Smartphones hinzu und wir sind schon glücklich darüber, dass wir Emails schreiben oder einfach eine Textmessage schreiben können. Die Unterhaltung und bedeutsame persönliche Beziehungen verlieren an Bedeutung und entgleiten uns nach und nach.

Nehmen Sie deshalb jetzt den Hörer und rufen Sie ihnen nahestehende Menschen an. Lassen Sie sie wissen, dass Sie an sie denken. Rufen Sie einen Freund aus ihrer Kindheit an oder einen längst vergessenen Bekannten oder jemanden, den sie schon lang nicht mehr gesprochen haben, weil es in der Vergangenheit zu Missverständnissen kam. Vergessen Sie, dass Sie einmal verletzt wurden von der Person und schaffen Sie eine Beziehung, die auf Vergebung und dem Positiven beruhen. Dann bemerken Sie wie positiv und dankbar Sie sich danach fühlen.

Meditieren Sie

Meditation ist eine großartige Variante sich eine Auszeit zu nehmen und wieder mit ihrem Körper, Geist und ihrer Seele in Einklang zu gelangen. Suchen Sie sich einen ruhigen, positiven und hellen Ort, an dem sie Atemübungen oder geistliche Meditation ausüben können. Als erstes setzen Sie sich bequem hin. Schließen Sie ihre Augen und atmen Sie tief und bedachtsam ein. Konzentrieren Sie sich nur auf ihre Atmung.

Meditation ist keine komplizierte und aufwendige Übung und sollte das auch nicht sein. Tun Sie das, was für Sie am besten ist. Einfach und beharrlich. Atmen Sie tief durch und betrachten Sie dabei ihren Körper. Konzentrieren Sie sich nur auf das Atmen, nicht auf andere Gedanken. Wie fühlt sich das an? Richten Sie ihre Aufmerksamkeit auf die Wirkung und den Ablauf in ihrem Körper. Wie fühlt sich ihr Körper an? Was fühlen Sie in den einzelnen Teilen ihres Körpers? Wie fühlt sich ihr Geist an? Diese Übung hilft ihnen dabei alles Äußere auszuschalten und ihr Inneres strahlen zu sehen.

Achten Sie auf ihre Worte

Dankbare Menschen nutzen bewusst oder unbewusst ein anderes sprachliches Muster. Das beruht auf Segnung, Glück und Spaß am Leben. Aus ihren Worten klingt immer Dankbarkeit für das Leben heraus. Die Sprache dieser Individuen rührt her vom bewussten Reichtum und nicht vom Mangel an etwas. Sie sind sich ihrer tiefen Dankbarkeit bewusst. Achten Sie auf ihre Worte, darauf was sie sagen, denn die positive Sprache schafft ein spezifisches Bild des Positiven. Und es erlaubt uns, daran zu denken wie gut es uns geht.

Die Wörter, die wir gebrauchen, sind beständige Übermittler an unser Unterbewusstsein. Diese lenken unsere Aktionen, die authentisch mit unserer geistigen Anweisung sind. Unser Verstand glaubt das, was wir ihm zuführen. Worte sind das perfekte Futter für unseren Geist. Alles, was wir sagen, hält es für wahr und leitet es direkt weiter an die Ausführung unserer Handlungen, um es dann mit der Realität zu synchronisieren. Deshalb gilt: Je positiver wir sprechen, desto höher ist der Effekt auf unsere positive und zielführenden Handlungen.

Verweilen Sie in der Gegenwart

Bleiben Sie gedanklich in der Gegenwart, wird es ihnen leichter fallen, dankbar dafür zu sein, was sie augenblicklich besitzen. Wir erkennen und wertschätzen die Schönheit der Gegenwart. Hier liegt der Schlüssel unserer Dankbarkeit. Es ist vergleichbar mit einem Energiefeld, auf dem ihr Leben beginnt. Sich Dankbarkeit darüber ausdrückt und ihre Zukunft schöner macht.

Machen Sie sich allerdings nur Sorgen um die Zukunft, hat das einen negativen und destruktiven Effekt auf ihre gesamte Stimmung. Erinnern Sie sich daran: Ihre Gedanken, Worte und Handlungen sind derartig kraftvoll, ihren Lebenskurs zu bestimmen.

Kapitel 3: Negative und zerstörerische Gedanken stoppen

Ja, es ist eine Herausforderung ständig positiv und glücklich zu sein. Negative Gedanken kommen, trotz Anstrengungen, immer mal wieder einfach auf. Sie werden sie öfter am Anfang ihrer Phase des positiven Denkens bemerken. Allerdings werden Sie mit der Zeit schwächer. Was tut man dennoch, wenn die negativen Gedanken aufkommen? Wie kann man sie daran hindern, ständig wieder sichtbar zu werden? Im Folgenden zeigen bewährte Strategien wie negative Gedanken bekämpft werden können, um positive Gedankengänge zu zulassen.

Lassen Sie ihren Geist einkaufen

Eine Technik, die für einige Menschen sehr gut funktioniert, wenn sie von negativen Gedanken wieder übermannt werden, ist, sich bildlich vorzustellen in einem Supermarkt zu stehen. Versuchen Sie sich die Artikel und die Auswahl dieser Artikel, auszumalen. Wahlweise können Sie sich auch die Anordnung von Büchern im Regal oder eine Song Playlist vorstellen. Das wird ihnen dabei helfen, sich auf bestimmte Dinge schnell zu konzentrieren. Jedes Mal, wenn destruktive Gedanken aufkommen, stellen Sie sich einfach diese Playlist, die Anordnung der Bücher usw. vor. Egal, ob einmal oder 30 mal pro Stunde.

Zu Beginn ist das allerdings nur eine Vorrübergehende Lösung. Allerdings kann diese Übung ihr positives Denken, ihre Stimmung und ihre Entscheidungsfindung erheblich verbessern, wenn Sie diese nur oft genug anwenden. Diese Technik trainiert ihr Hirn in eine andere Richtung zu denken, sobald unerwünschte Gedanken erzeugt werden.

SIMONE KERBER

Wenden Sie sich ab von negativen Gedanken

Manchmal kann es schon helfen einen negativen Gedanken loszuwerden, wenn man ihn auf ein Blatt Papier schreibt und dieses Papier in den Müll wirft. Laut einer Studie der Ohio State Universität aus dem Jahre 2012, besaßen Menschen, die ihre negative Gedanken auf Papier notiert und später weggeworfen haben, ein positiveres Selbstbild innerhalb weniger Minuten hatten, nachdem sie die Handlung ausführten, als jene, die es behielten. Alles, was Sie tun, sind ihre Gedanken als etwas wertvolles auszuzeichnen oder zu bewahren.

Die Art und Weise wie sie ihre Gedanken bezeichnen, macht einen großen Unterschied darin, wie Sie die Gedanken nutzen, laut Richard Petty, PhD, Professor für Psychologie. Sie können die gleiche Übung auch über den Computer und den „virtuellen Papierkorb" tun.

Genießen Sie eine Tasse Tee

Sobald negative Gedanken aufgrund von Einsamkeit entstehen, sollte es warm sein, damit ihr Wohlgefühl wieder ansteigen kann. Laut einer Studie von 2012 der Yale University denken Menschen weniger negativ über vergangene Einsamkeit, wenn sie einfach etwas Warmes in ihren Händen halten. Positive Gefühle entstehen, weil wir tendenziell eher das Warme und die Wohlfühlzone in einsamen Situationen suchen. Ein Trick ist es deshalb, einfach eine Tasse Tee oder eine warme Dusche zu genießen, damit man sich schnell emotional stabiler fühlt. Dennoch sollten Sie diese schnelle Hilfe nicht durch menschliche Beziehungen ersetzen.

Denken Sie nicht in Extremen

Vermeiden Sie es in Extremen zu denken. Es gibt kein Schwarz oder Weiß. Der Alles oder nichts-Ansatz funktioniert nicht im

POSITIV DENKEN

Kampf gegen negatives Denken. Negatives kann schnell in Extreme umschlagen. So werden Sie beispielsweise glauben, wenn ein Test nicht gut verlaufen wird, dass sie komplett versagen werden.

Selbiges passiert, wenn ihr unternehmerisches Vorhaben lange keinen Erfolg zeigt und Sie sich schon darauf vorbereiten, dass das Unternehmen untergehen und Sie finanziell ruinieren wird. Wir tendieren leider dazu, unsere Ängste zu hoch zu spielen. Was sonst kann das Gefühl beschreiben, wenn jemand während meiner Präsentation dazwischen ruft?

Diese Gedanken verfehlen leider oft die subtileren Nuancen. Sie machen unseren Blick auf die Zukunft katastrophaler und dramatischer. Wir haben bereits das Gefühl, dass Misserfolge, Katastrophen und Unheil über uns kommen. Natürlich ist es das nur zeitweise. Allerdings besteht unser Leben nicht aus scharfen Äußerungen, die wir manchmal aussprechen. Mehrheitlich ist das, was wir erleben grau und nicht schwarz oder weiß.

Realistisch scheint es nicht, Negatives ganz plötzlich in positive Gedanken umzuwandeln. Aber suchen Sie nach grauen Schattierungen, die ihre Gedanken schrittweise verwandeln. Denken Sie über ihre Beziehungen nicht an komplette Katastrophen oder an das Perfekte, denken Sie nur an einige schöne und an weniger schöne Gesichtspunkte, gleich so wie in jeder anderen Beziehung. Das wird ihre Gedanken ausbalancieren, Sie weniger negativ und destruktiv machen.

Schreiben sie Negatives auf. Führen Sie das Schlimmste, was ihnen in Erinnerung bleibt, an. Später notieren Sie dann mindestens 3-4 weniger Schlimme. Schreiben Sie ausgeglichen und realistisch, was das Schlimmste wäre, was passieren könnte. Anstatt der Vorstellung, dass alle anderen ihre Präsentation hassen werden, sagen Sie sich, dass es ein guter Mix aus allem sein wird.

SIMONE KERBER

Sie sind nicht für alles verantwortlich

Warum denken wir eigentlich fast immer, wenn uns etwas tolles im Leben passiert, dafür seien Glück oder andere Menschen verantwortlich? Wohingegen wir, wenn etwas Schlimmes passiert, immer zu erst uns selbst die Schuld dafür geben? Das könnten wir einfach umgehen, indem wir die negativen Dinge ignorieren. Denn, wenn wir negative Gedanken erst aufnehmen, kommen auch die Schuldgefühle.

Denken Sie kritisch über diesen Einfluss nach, den sie hatten, als etwas nicht nach ihren Wünschen geschah. Zum Beispiel war etwas, was sich als sehr schrecklich erwies, gar nicht in ihrer Hand, es anders zu machen. Lernen Sie das Positive und nicht das Negative zu verinnerlichen. Natürlich bedeutet das nicht, für unser Handeln nicht die Verantwortung zu übernehmen. Es heißt nur, dass wir uns nicht für alles die Schuld geben sollen. Also, wenn etwas Schönes passiert, akzeptieren Sie die Geschenke, die sich uns bieten und machen Sie nicht andere/s dafür verantwortlich. Alles, was wir für Erfolg brauchen, liegt in uns und stimmt uns positiver.

Spielen Sie etwas Positives nicht herunter

Negative Gedanken machen es ihnen schwer, das Positive zu erkennen. Es ist wie ein Filter, der alles Positive fernhält. Wir neigen dazu Rückschläge zu übertreiben und den Erfolg zu minimieren, was uns wiederum ein elendes Gefühl verleiht.

Sie sollten sich jedoch angewöhnen, die Niederlage nur zur Kenntnis zu nehmen und es als kurzlebig abbuchen. Denn bedenken Sie, dass wir immer das finden, wonach wir auch suchen. Gewöhnen Sie sich eine ausgeglichene Denke an. Für jeden negativen Einfall über eine Person, finden sie einfach etwas Positives. Auch wenn ihre Teamkollegen nicht konzentriert an dem Projekt arbeiten, können Sie eine positive Stimmung schaffen, indem Sie die stressige Situation mit lustiger und auflockernder Art verbessern. Sehen Sie, was da passierte? Wir haben einfach das nicht ganz so Positive mit einer sehr positiven Eigenschaft ergänzt. Positives ist immer da. Wir müssen nur zulassen, es zu erkennen.

Lasen Sie Vermutungen

Mit der Unsicherheit kommt sehr oft auch die Tendenz, Vermutungen anzubringen und Gedanken lesen zu wollen. „10 Minuten sind schon vergangen und ich habe immer noch keine Nachricht zurückbekommen. Bestimmt mögen sie mich nicht." Na, wie oft hatten sie diese Gedanken schon? „Sie haben nur so gesagt, dass ich gut aussehe, damit ich mich besser fühle. Aber sie meinten es nicht ehrlich."

Wir geben Dingen eine Bedeutung und bringen Sie in einen Kontext, bevor wir überhaupt die nötigen Beweise für unsere Gedanken haben. Wir bilden uns ohne Grund etwas ein und glauben ohne Beweise. In derartigen zweideutigen oder unsicheren Szenarien, ist es besser, die Gedanken kurz anzuhalten. Das ist entscheidend für den Kampf gegen negative Gedanken. Wenn Sie selbstlernend sind, hilft es ihnen, nicht in die Falle des negativen Denkens zu tappen. Sie können ihrem Verstand antrainieren, in den neutralen Gedankenmodus zu wechseln, wenn Sie wieder einmal in einer unsicheren Situation sind.

Wenn Sie zum Beispiel jemand nicht zurückruft, denken Sie nicht gleich, derjenige mag Sie nicht oder sei verstorben, sondern versuchen Sie einen leeren Akku oder fehlendes Gesprächsguthaben oder wichtige Aufgaben in Betracht zu ziehen. Diese Gründe beziehen sich nicht auf Sie und befinden sich nicht in ihrer Hand, und sind außerdem genauso plausibel wie jeder andere Grund.

SIMONE KERBER

Visualisieren Sie eine angenehme Umgebung

Verbildlichen Sie sich in einer angenehmen Umgebung zu sein, sobald sie negative Gedanken wahrnehmen. Sie könnten an einem Strand oder auf einem Berg oder in einem Wald stehen. Stellen Sie sich selbst in ihrer Lieblingssituation vor. Cocktailtrinkend, Bergsteigend oder Tiere fütternd auf einem Bauernhof. Es sollen schöne Szenarien sein und positive Aktivitäten. Das verhilft ihrem Verstand negative Gedanken abzuwehren und positive Gefühle zu entwickeln.

Tafel der Vision – Gestalten Sie eine Tafel mit ihren Visionen. Das ist nicht einfach nur eine Wohlfühlübung. Eher ist es ein Prinzip, dass Visionen ihre mentale Energie ändern können. Sie haben Einfluss auf unsere Gedanken, Gefühle und schlussendlich auch auf unser Handeln und Verhalten. Der metaphysische Begriff des Gesetzes der Anziehung besagt, dass wir alles anziehen, was wir denken. Das Universum gibt uns die Gedankenenergie, die wir ihm übertragen. Wenn Ihre Gedanken mit einer positiven Frequenz arbeiten, erhalten Sie eine passende Frequenz zurück. Also, für die Erfüllung Ihrer Ziele, brauchen Sie positive Gedanken und geistige Energie.

Wenn Sie ihrer Visionstafel Bilder beifügen, wird es ihre Ziele noch besser präsentieren. Diese Bilder verleihen ihrem Unterbewusstsein eine Art Impressum, jedes mal wenn Sie sie anschauen. Das führt dazu, dass das Unterbewusstsein ihre Handlungen harmonisch zu den Gedanken ausführt. Heften Sie die Bilder an diese Tafel oder auf ein großes Blatt Papier. Bewahren Sie es dort auf, wo Sie es jeden Tag ansehen können.

Mit dieser Collage können Sie ruhig kreativ sein. Kleben Sie ihr Lieblingszitat ein oder inspirierende Worte aus ihrem Lieblingsbuch. Zeichnen Sie die Vision ihres Traumhauses oder Ladens. Skizzieren Sie ihren nächsten Urlaub mit Bildgeschichten,

Stickern, Zeichnungen und allem, was ihre Vision bekräftigt. Es ist ihre Visionstafel, also gestalten Sie diese ruhig personenbezogen, bedeutsam und überwältigend.

Schneiden Sie Bilder aus und schreiben Sie Positives dazu, um ihre Gedanken und Ziele klarer formulieren zu können. Bevor Sie zu Bett gehen, verbringen Sie noch einmal ein paar Minuten vor dieser Collage und denken an ihre Ziele. Diese Minuten sind sehr wichtig, um die Bilder in ihren Geist einzubetten.

Denken Sie daran, dass die Gedanken oder Visionen, die Sie 45 Minuten vor dem Schlafen wahrnehmen in Ihrem Unterbewusstsein während des Schlafen sein werden. Mit diesen Gedanken und Visionen starten Sie ihren Tag. Jeder Tag beginnt mit einer Schwingung, die zu Ihren zukünftigen Zielen passt. Also, halten Sie ihre Visionstafel einfach, klar aber bedeutsam. Es muss nicht perfekt sein, aber personell und für Sie maßgeblich. Es sollte ein starkes verlangen nach ihrem Ziel auslösen. Ihre Gedanken sollten davon inspiriert und beeinflusst werden.

Verwenden Sie optische Elemente und Wörter, die Ihren Zweck und gewünschte Zukunft darstellen. Sie sollten positive Emotionen hervorrufen. Zu viele visuelle Elemente erreichen eventuell das Gegenteil, denn es erschwert den Fokus auf die wichtigen Ziele. Vielleicht möchten Sie auch verschiedene Tafeln für verschiedene Ziele erstellen. Zum Beispiel eines für ihre persönliche Ziele und eines für ihr finanzielles oder Karriere Ziel.

Erkennen Sie die Auslöser für negative Gedanken

Laut einiger Studien sind negative Gedanken ein Ergebnis der Evolution, in der wir verdrahtet wurden, um unsere Umgebung auf potenzielle Gefahren oder Verbesserungsmöglichkeiten oder Dinge, die behoben werden sollen, abzusuchen.

Negative Gedanken werden durch Sorgen, Angst oder ein Gefühl, Demütigung oder Angst, oder Dinge, die uns Gefahr aussetzen könnten. Negatives Denken kann auch ein Teil unseres gelehrten Verhaltens sein, das im Kindesalter erlernt wurde. Es kann an Depressionen oder ein vergangenes Trauma mit Selbstzweifel / Schuld / Scham / Bedauern gekoppelt sein.

Identifizieren Sie alle beunruhigenden Umstände oder Bedingungen, die direkt mit unangenehmen Gedanken verbunden sind. Für einige Menschen können das Präsentationen oder Geschäftstreffen sein. Für andere kann es der Umzug in eine andere Stadt oder in ein neues Haus sein. Neue Beziehungen oder das Auflösen einer alten Beziehung oder ein neuer Arbeitsplatz sind häufige Auslöser. Diese Auslöser können identifiziert werden, indem sie ein Tagebuch schreiben und alles notieren, was Sie in eine negative Stimmung bringt. Sobald Sie diese typischen negativen Gedanken, die stimulierend wirken, erkannt haben, wird es einfacher, sie zu managen.

Informelle Verhaltenstherapie

Sie können versuchen, selbst mit kognitiven Verhaltenstherapien gegen negative Gedanken zu steuern. Wenn Sie in der Lage sind, ein negatives Denkmuster zu identifizieren, indem Sie es bewusst einstellen, können Sie anfangen, an Ihren Denkmustern zu arbeiten. Jedes Mal, wenn Sie sich in den negativen Gedanken-Modus bewegen, suchen Sie nach konträren Beweisen für ihre Behauptungen.

Zum Beispiel, wenn sie der Meinung sind, nie in der Lage zu sein das aktuelle Projekt rechtzeitig fertigzustellen, denken Sie einfach an 3-4 Beispiele, an denen Sie festmachen können, dass es in der Vergangenheit auch anders ging. Lenken Sie ihr Bewusstsein auf Dinge, die völlig im Widerspruch zu Ihren Ängsten oder Befürchtungen stehen. Denken Sie an Dinge, die Sie erfolgreich absolviert haben oder an die Zeiten, an denen Menschen sie für ihre Arbeit gelobt haben.

Achten Sie auf das, was Sie besitzen und die Dinge, die Sie erfolgreich in der Vergangenheit getan haben, wenn Sie die kognitive Verhaltenstherapie praktizieren. Dies zieht Sie aus dem Netz der selbstbegrenzenden Gedanken heraus. Setzen Sie diesen Gedanken in der Praxis um, indem Sie etwas tun, anstatt es sich nur vorzustellen. Anstatt nur daran denken, ein komplettes Chaos in der kommenden Präsentation zu verursachen, lieber die Präsentation vor ein paar Menschen vorab halten, um zu beweisen, wie alles in Ordnung sein wird. Fragen Sie andere für ihre ehrliche Meinung und schauen Sie, ob ihre Gedanken mit denen der anderen übereinstimmen.

Versuchen Sie, bestimmte Wörter oder Aussagen zu ersetzen, um ihnen eine positive Wendung zu geben. Anstatt zu sagen, „Ich hätte das lieber nicht gesagt", können Sie sagen: „Ich bin verärgert, dass ich es gesagt habe und werde es in Zukunft vermeiden." Allmählich können diese kognitiven Verhaltenstherapie-Übungen Ihre Gedanken zu weniger Schuldzuweisungen gegen sich selbst hin zu mehr positiven und realistischen führen.

Vermeiden Sie die Opferrolle

Hören Sie auf, das Opfer zu spielen, selbst wenn Dinge nicht in ihrer Kontrolle liegen. Sie können Umstände oder anderer Personen Handlungen nicht kontrollieren. Allerdings haben Sie die vollständige Kontrolle über Ihre Resonanz auf andere. Akzeptieren diese einfache, aber tief greifende Tatsache und es wird Ihr Leben erleichtern. Sie werden aufhören, sich als hilfloses Opfer zu sehen und verantwortungsbewusster mit der Situation umgehen. Seien Sie nicht passiv mit Dingen, die in Ihrem Leben passieren. Ergreifen Sie die Initiative und holen Sie sich die Kontrolle über das, was

Sie können zurück, und lassen Sie sein, was Sie nicht können. Das Opfer zu spielen, bringt Sie in einen hilflosen und unglücklichen Geisteszustand. Es lässt Sie glauben, dass das Leben nicht fair zu Ihnen ist, was für positives Denken kontraproduktiv ist.

Zum Beispiel werden Sie nie einen Arbeitskollegen oder ein nerviges Familienmitglied ändern können. Jedoch, liegt es an ihnen oder an ihrer Reaktion auf deren Handlungen. Geben Sie niemals die Kontrolle über sich an andere ab. Steuern Sie Ihre Gedanken unabhängig. Meistern Sie ihre eigenen Gefühle, Reaktionen und Gedanken. Eliminieren Sie Dinge oder Menschen, die Ihr Leben negativ beeinflussen. Akzeptieren, was nicht geändert werden kann. Das spart Ihnen Energie, die Sie umsonst für negative Beschäftigungen ausgeben würden.

Bringen Sie Positives in das Leben Anderer

Eine der besten Möglichkeiten, negativen Gedanken zu begegnen, ist sich nach Außen zu richten und anderen ein gutes Gefühl zu geben. Geben Sie Positives an andere weiter, werden Sie Positives zurück erlangen und somit einen optimistischen Lebensweg einschlagen. Automatisch werden Sie sich besser fühlen, wenn Sie jemandem ein gutes Gefühl gegeben haben.

Sprechen Sie ein ernst gemeintes Kompliment aus. Bieten Sie Ihre Hilfe anderen Menschen an. Wenn Sie umgeben sind von Menschen, hören sie aufmerksam und bedacht zu. Haben Sie ein Ohr für deren echte Probleme. Bieten Sie ihre Hilfe an, die bei der Lösung eines Problems nützlich sein kann. Seien Sie in schwierigen Zeiten für Menschen da. Bleiben Sie mit Menschen in Kontakt, die es nicht so gut haben wie sie.

Reden Sie darüber

Negatives Denken kann das Ergebnis eines Gedankenprozesses sein, der auftritt, wenn wir grundsätzliche Probleme haben, die nicht an etwas bestimmtem festgemacht werden können. Sie können alle Gefühle und tieferen Fragen für sich behalten, die das negative Denkmuster fortsetzen. Ein Gespräch mit einem engen Freund oder Familienmitglied kann Sie da herausholen. Oder Sie sprechen mit einem Berater, Therapeut, Psychologe oder Verhaltensspezialist. Sie können Ihre tiefverborgenen Probleme damit in den Vordergrund bringen, denn das hilft sie loszuwerden und ist wirksamer als jede andere Behandlungsmaßnahmen wie Medizin.

Wörter, die Sie den negativen Gedanken hinzuführen, sind dafür verantwortlich, dass Sie ständig in ihrem Kopf bleiben, weil Sie ihnen durch die Wörter eine Form gegeben haben. Anstatt in Extremen zu denken, sollten Sie lieber eine ausgeglichene Sichtweise einnehmen, wenn Sie handeln. Der Standpunkt der anderen Person kann unseren Gedanken mehr Klarheit verschaffen. Sobald Sie die Wurzel identifizieren, wird es einfacher, das Problem anzugehen.

Ändern Sie die Häufigkeit ihrer Gedanken

Negatives Denken ist die Folge einer schlecht entwickelten Sichtweise. Wenn wir in den negativen Denkmodus verfallen, nehmen wir keine gesunde Sichtweise der vorhandenen Fragen an. Ändern Sie Ihre Gedanken. Der Klang dieser macht es ihnen leichter ein positives Gefühl zu verspüren. Anstatt zu denken, dass Sie eine harte Zeit mit echten Herausforderungen haben, denken Sie lieber darüber nach, wie Sie an potenzielle Lösungen kommen. Sie ändern einfach die Häufigkeit Ihrer Gedanken von negativ zu positiv.

Sie denken das gleiche, außer dass der Ansatz nach Lösungen zu suchen, ihnen eine positive Richtung aufzeigt. Manchmal ist alles, was Sie brauchen, eine leichte tonale Verschiebung, um eine große Veränderung in Ihren Gedanken herbeizuführen.

Kapitel 4: Positiv Denken mit Meditation

Stellen Sie sich vor, wie schön es wäre, eine tiefere Verbindung mit ihrem Inneren herzustellen. Die Vorteile des Abstimmens mit ihrem Inneren, und die Schaffung eines positiven und mentalen Rahmens kann nicht untergraben werden. Meditation ermöglicht Ihnen, Dankbarkeit, Objektivität und Balance auszulösen. Es ersetzt zerstörerische, selbstbegrenzende und negative Gedanken mit konstruktiveren und positiveren Gefühlen.

Sie wissen bereits, dass Meditation mehrere physische, kognitive und psychologische Vorteile hat. Jeder, den Sie kennen, übt es auf unterschiedliche Weise aus. Es gibt Dutzende von Methoden und Techniken, die eine Auswahl der passenden Methode erschweren. Wer ein Leben auf der Überholspur lebt, kann von der aktiven Meditation profitieren. Es umfasst, sich auf einen Gedanken zu fixieren oder das Bewusstsein auf einen einzigen Gedanken, eine Visualisierung, Idee oder ein Konzept zu leiten. Die Entscheidung, sich auf etwas im Inneren zu konzentrieren, hilft Ihrem Verstand dabei, die negative Unordnung und Gefühle zu verwerfen. Es erlaubt Ihnen, alles aus einer nicht-wertenden Perspektive zu sehen.

Achtsame Meditation - Achtsamkeit ist die Ausübung, sich intensiv und vorsätzlich auf die Gegenwart zu konzentrieren. Es geht darum, ihre Aufmerksamkeit auf Ihre Empfindungen, Gefühle, Gedanken und Emotionen zu richten, ohne sie zu bewerten. Sie legen ihre komplette Aufmerksamkeit auf Ihren Körper, Geist und Seele während einer dieser Sitzungen.

Setzen Sie sich nun bequem auf ein Kissen, auf den Boden oder den Stuhl. Halten Sie Ihren Rücken, ohne sich anzulehnen gerade und achten Sie auf eine gesunde Körperhaltung. Befreien Sie Ihren Geist von allen vorherrschenden Gedanken. Achten Sie auf ihren

POSITIV DENKEN

Atem. Atmen Sie ein und langsam wieder aus. Achten Sie nur auf Ihren Atem. Lenken Sie ihre Aufmerksamkeit immer wieder auf Ihre Atmung während der Meditationssitzung. Achten Sie genau auf Ihre Gedanken, Gefühle und körperlichen Empfindungen. Das Ziel ist, ein vollständiges Bewusstsein über uns und allem, was geschieht, ohne das Selbst zu verlieren. Ein objektives Bewusstsein ist das Schlüsselwort.

Es ist normal, dass ihr Geist mit Klängen, Gefühlen, Gedanken und Empfindungen abgelenkt wird. Wenn das allerdings auftritt, führen Sie sanft Ihre Aufmerksamkeit zurück zum Atem. Sie sind nicht ein Teil des Denkens oder der Empfindung. Auch wenn Sie sich dessen noch bewusst sind. Sich bewusst über ein Gefühl oder eines Gedanken zu sein, ist völlig anders, als mitten drin zu sein.

Achtsamkeit trainiert, die vollständige Kontrolle über Ihre Gedanken und Gefühle zu gewinnen und leiten Sie zur Stille an, zu einem größeren Gefühl der Objektivität. Dies hilft, Ihre Gedanken neutraler, objektiver und gegenwärtiger zu machen. Nach einiger Zeit werden Sie die Übung genießen und schätzen, denn ihr Geist fühlt sich wunderbar an.

Sie können die Übung der Achtsamkeit auch während alltäglicher Aktivitäten wie Wandern, Arbeiten und Essen ausführen. Achten Sie genau auf die Tätigkeit, die sie gegenwärtig tun und seien sie sich dieser bewusst.

Sie folgen keinem automatisierten Modus. Alles, von den Gedanken bis zu den Gefühlen unterliegt ihrer Kontrolle. Achten Sie genau auf die Worte, die Sie verwenden, während Sie sprechen. Hören Sie Ihren Worten aufmerksam zu. Seien Sie geistig anwesend, wenn Sie beispielsweise zu Fuß gehen, indem Sie sich ihrer Körperbewegung, dem Klang, wenn Ihre Füße den Boden berühren und die Empfindungen, die Sie erleben, bewusst sind.

SIMONE KERBER

Taoistische Meditation - Die grundlegenden Eigenschaften der taoistischen Meditation sind die Schaffung, Transformation und Verteilung der inneren Energie. Das Ziel ist, Körper und Geist zu beruhigen, die Einheit von Körper und Geist zu verwirklichen und inneren Frieden zu finden. Einige Tao-Stile erhöhen das Wohlbefinden und die Lebensdauer.

Taoistische Meditation visualisiert den inneren Geist und Körper, einschließlich der Organe, Kräfte und vitalen Bewegungen. Es bildet sich heraus aus Denkprozessen. Bei der neiguanischen Technik der taoistischen Meditation handelt es sich, um die Steigerung ihres Bewusstsein für die Weisheit der Natur in Ihrem Körper.

In taoistische Meditationssitzungen setzt man sich in den Schneidersitz auf den Boden. Die Augen sind halb geschlossen und auf die Nasenspitze fokussiert. Das Ideal für Tao-Meister ist es, ein einheitliches Gefühl von Atem und Geist zu erreichen. Wenn dies nicht erreicht werden kann, versuchen Sie ihren unteren Bauch zu fixieren.

Gelenkte Meditation - Gelenkte Meditation ist eine weiterentwickelte und zeitgemäße Mediationsübung mit Willenskraft und absoluter Entschlossenheit. Da wir in sehr unterschiedlichen Zeiten leben, in denen unsere Aufmerksamkeitsspanne begrenzt ist und die schnellen Ablenkungen wahrscheinlicher sind, wird gelenkte Meditation oft als Mittel genutzt, meditative Kraft zu entwickeln.

Gelenkte Meditation wird in der Regel mit Hilfe von Audio-oder Video-Anweisungen oder von einem Lehrer nähergebracht. Die Stimme des Lehrers lenkt Ihre Aufmerksamkeit hin zu einem meditativen Zustand. Traditionell verläuft diese Meditation ohne Musik. Das Hauptziel ist es, die Praxis zu vertiefen und ihre Vorteile zu genießen.

Gelenkte, bildliche Darstellung als eine Technik, die die Kraft der Visualisierung und Phantasie verwendet, um Ihre Gedanken zu kanalisieren. Es führt Sie durch ein Szenario, an ein Ziel oder durch eine Reise, die Sie sich vorstellen. Das Ziel ist es, zu heilen und zu entspannen, und sich ihrem Ziel nähern.

Gelenkte Visualisierungen machen sich die Stärke des Unterbewusstseins zu nutze, um die Ziele zu verwirklichen. Wenn Sie sich ständig in einem bestimmten Zustand befinden, wird es für das Unterbewusstsein einfacher, diese Bilder zu behalten und unser Verhalten synchron nach ihnen auszurichten.

Um den Geist stärker davon zu beeindrucken, können Bekräftigungen verwendet werden. Einige Menschen üben auch die Entspannung und Körper-Scan-Technik der gelenkten Meditation aus, um eine tiefe, körperliche Entspannung zu erreichen. In der Regel wird diese Übung von Naturgeräuschen oder beruhigender Instrumentalmusik begleitet.

Ohne Anstrengung meditieren

Mühelos und trotzdem beim Meditieren präsent sein, bedeutet, die Aufmerksamkeit nicht auf etwas Besonderes zu lenken, sondern stattdessen darauf abzielt, weniger das Bewusstsein durch Auswahl zu nutzen, dafür aber den Geist Entleeren oder die Entscheidung für ein reines Sein wählen. Die meisten traditionellen Meditations-techniken legen Wert darauf, den Geist zu trainieren und zwar in nahtloser, absoluter Stille, um tiefe Bewusstseinszustände zu erreichen. Der Fokus auf ein Objekt oder den Prozess tritt in den Hintergrund und das, was die reine Anwesenheit ihres wahren Selbst ist. Diese Art der Meditation benötigt intensives Üben.

Selbsterkundung - Selbsterkundung ist eine Form der mühelosen Meditation. Es ist eine einfache, subtile und abstrakte Klangpraxis. In dieser Praxis stellen Sie sich in das Epizentrum des Universums. Das Ego oder Ich ist bei allen unseren Emotionen, Wahrnehmungen und Gedanken gegenwärtig. Dennoch ist uns das „Ich" im wirklichen Bewusstseinszustand oft nicht bewusst.

Diese meditative Übung erlaubt es uns zu hinterfragen. Indem wir in unsere tieferen Ebenen des Bewusstseins gehen, indem wir uns Fragen stellen, um die Aufmerksamkeit auf ein subjektives Gefühl des Selbst, der Selbst-Präsenz und der Existenz zu lenken. Es ist ein reines Bewusstsein. Das „Ich bin" oder das Gefühl des Seins ist, worauf der Fokus liegt. Halten Sie das „Ich" rein, ohne sich auf das Motiv zu konzentrieren.

Kapitel 5: Geben Sie Raum für positive Gedanken

Sie möchten gern ein paar Kilo abnehmen, um wieder in Ihre Anzüge zu passen. Dazu allerdings müssen Sie ihre Essgewohnheiten ändern. Ungesunde Snacks zwischendurch müssen drastisch gesenkt werden. Sie möchten auch einem straffen Sportplan folgen. Sie wollen 7-8 Stunden pro Tag schlafen. Am Arbeitsplatz wollen Sie auch einen Blog organisieren und sich dazu noch einiges mehr an Arbeit übertragen. Sie wollen ein Buch schreiben. Dann gibt es da noch die Vermarktung Ihrer Dienstleistungen in den sozialen Medien. Möglicherweise möchten Sie auch noch Ihr Profil um ein paar Auszeichnungen mehr, erweitern. Grundsätzlich wollen Sie sich in eine menschliche Überkraft verwandeln.

Sie sind offensichtlich dabei ihr Leben völlig zu überladen. Es gibt noch einiges, was ihnen aus ihrer Vergangenheit nachhängt. Das sind vielleicht Zukunftsängste. Aber ohne, dass Sie mit ihrer Vergangenheit abgeschlossen haben, steht ihrer Zukunft eine Art Unordnung im Weg. Wie oft muss es ein neues Sofa für das Wohnzimmer sein, weil das alte nicht mehr bequem ist? Und dennoch können Sie das alte Sofa nicht wegwerfen, weil es dann für den Müll doch noch zu gut ist? Jetzt bleiben beide Sofas im Wohnzimmer stehen. Kommt Ihnen das bekannt vor?

Physische Unordnung verursacht viele körperliche Hindernisse und macht es ihnen schwer, das wirklich wichtige zu finden. Körperliche Unordnung kann auch dazu führen, dass es in unseren Geist eindringt und ihn einfriert. Unsere Entscheidung einen Prozess in Gang zu setzen, alles aufzuräumen, vernebelt uns unsere Gedanken. Dies spiegelt sich sofort in unserem Verhalten wider. Es führt zu einem Zustand der Verwirrung, und verwirrtes Verhalten führt zu einem größeren Verlust.

SIMONE KERBER

Wir füllen unseren Kleiderschrank, ohne vorher auszumisten und die alten Sachen weg zu werfen, die vermutlich seit den letzten 4 Jahren nicht benutzt wurden. Unsere Leidenschaft gerät in den Hintergrund, da wir jetzt tägliche Zwänge, Arbeitsabläufe und unendliche Listen abzuarbeiten haben. Wir belügen uns oft selbst, wenn wir glauben, dass schon alles gut und richtig ist.

Wie oft mussten Sie extra Servicegebühren bezahlen, weil Sie die Dokumente der Garantieleistung verlegt hatten? Wie oft haben Sie wichtige Dokumente durch Unordnung verloren? Sie finden eine Menge abgelaufener Karten, aber nicht die Garantiekarte, die Sie wirklich suchen. Diese ist offensichtlich in einem Wirrwarr verloren gegangen. Und Sie zahlen dafür dann zusätzliche Gebühren und fühlen sich elend. Dies ist einladend für negatives Denken, Fühlen und Verhalten.

Einen Raum aufzuräumen ist vergleichbar damit, Ihren Geist von Negativität und unerwünschter Unordnung zu befreien. Wenn Sie Ihren Raum von Objekten, die sie lange aufbewahrt haben, freimachen, dann gewinnen Sie Platz für das Positive. Sie machen in Ihrem Kopf Luft für Positivität und klarere Gedanken. Das Beseitigen von Störungen ermöglicht es Ihnen, Dinge schneller zu lokalisieren, effizienter zu handeln, kostbare Zeit zu sparen und Energien kreativer zu gestalten. Sie führen ein weniger stressfreies Leben mit erhöhter Produktivität und höherer Leistung. Dies versetzt Sie ganz einfach in eine positivere Stimmung.

Jetzt haben wir das Negative an angestauter Unordnung herausgearbeitet und nun gehen wir weiter. Wir richten uns an das Innere und gehen damit unsere Ängste und negative Gedanken an. Wenn wir unsere Verluste, die aufgrund von Unordnung entstehen, mit der einfachen Lösung aufzuräumen überwinden wollen, dann mit dem positiven Gedanken daran, was ein sogenanntes De-Cluttering erwirken kann. De-Cluttering, also Raum geben, bringt uns wieder in die richtige Bahn, Dinge aus einer positiven Perspektive zu sehen. Hier ist ein Aktionsplan, um über De-Cluttering Ihren Raum für mehr Positivität und Effizienz zu erlangen.

Fangen Sie klein an

Beruhigen Sie sich und fangen Sie klein an. Sie können nicht dem ganzen Haus oder sogar Garderobe an einem Tag „Raum geben". Beginnen Sie mit einem Raum oder mit einem einzelnen Regal. Sie können mit alten Bindungen wie Socken oder Unterwäsche anfangen. Wenn Sie Bücherregale aufräumen, bedenken Sie, ob es irgendwelche Bücher gibt, die ihnen helfen konnten oder können. Lesen Sie wirklich noch alle Autoren auf den Büchern in ihrem Regal oder haben Sie Ihre eigenen Lesevorlieben entwickelt?

Sobald Sie am Ende angekommen sind, legen Sie das, was noch übrig geblieben ist, auf einen großen Tisch. Wenn Sie Ordner wegwerfen möchten, durchstöbern Sie ihre Schubladen, um sicher zu gehen, dass nichts übersehen wurde. Bei Notebooks bzw Dateien auf diesen, tun Sie das Selbe. Auch mit Medikamenten, Karten, Tagebücher, Kosmetik, Utensilien und andere Gegenstände. Sie werden über das gesamte Zeug überrascht sein.

Beginnen Sie nun, alles zu sortieren. Behalten Sie die, die ihnen wichtig sind. Der Rest kann aussortiert werden, je nachdem, wie sie entsorgen möchten. Vielleicht möchten Sie einige Artikel spenden, andere wiederum wandern in den Müll.

Wegwerfen, weggeben oder beleben

Es gibt mehrere Optionen für die Bekämpfung unerwünschter und farbloser Elemente. Zum Beispiel kann ein großer Stapel von Büchern, den Sie nicht mehr lesen, gespendet oder an die lokale Bibliothek gegeben werden. Die schiere Freude, etwas zu verschenken, ein Lächeln auf jemandes Gesicht bringen, ist unbezahlbar. Dies wiederum kann Ihre Positivität zu verbessern.

Wenn etwas tatsächlich noch genutzt werden soll, stellen Sie sicher, dass Sie es innerhalb der folgenden 24 Stunden belebt wird. Zum Beispiel können alte Trophäen poliert oder eine alte Comic-Sammlung gebunden werden. Ordnen Sie wichtige Bücher und Fotos systematisch. Erinnerungen, die für Sie relevant sind, sollten geachtet werden. Entweder geben Sie diesen Erinnerungen ihren eigenen, besonderen Platz oder Sie wollen sie loswerden. Lassen Sie diese nicht ohne Sinn und Zweck einfach rumliegen. Wichtigen Fotos könnten professionell bearbeitet werden mit einer Bildbearbeitung zum Beispiel. Säubern Sie die Räume für die wichtigen Bücher, Dokumente oder andere wichtige Erinnerungen, die sie behalten wollen.

Unordnung mit Dankbarkeit und Mitgefühl loswerden

Die Angst und die emotionale Last, alte Sachen wegwerfen zu müssen, können real sein. Deshalb ist es immer hilfreich etwas Positives hinzuzufügen. Welche inneren Gefühle sind es, die angesprochen werden müssen, wenn es um unser Horten oder Akkumulationsverhalten geht? Ist es das Schuldgefühl im Zusammenhang mit Verschwendung der Dinge? Oder tiefere emotionale Fragen, die wir versuchen mit dem Aufbewahren materieller Objekte zu beantworten, um die Leere in unserem Leben zu füllen? Ist es Angst davor, ihre Garderobe aufzuräumen, weil sie glauben nicht genug Kleidung zu haben? Ist es ein Festhalten an alte Zeiten, die nicht relevant sind für ihr aktuelles Leben?

Manchmal kann es ein inhärentes Gefühl aus unserer Kindheit sein, zum Beispiel der Zustand in der Vergangenheit benachteiligt worden sein. Sammlungen aus ihrer Kindheit sind kostbar, aber Sie fühlen sich besser, wenn Sie diese jemandem, der es wertschätzt geben. Zum Beispiel können Sie Ihre gesamte CD-Sammlung an einen leidenschaftlichen Musiksammler abgeben, denn Musik ist jetzt leicht zugänglich durch YouTube. Zeigen Sie sich dankbar und mitfühlend, wenn Sie sich von alten Sachen trennen. Negative Gefühle, die mit Dingen verbunden sind, freigeben, und diese nachdenklich und dankbar wegwerfen. Wenn eine Beziehung nicht funktionierte, sollten Sie nicht fragen, warum es schief gelaufen ist oder Reue zeigen, sondern sie sollten dankbar dafür sein, dass es passierte und Sie wichtige Lektionen lehrte.

Seien Sie der Person dankbar, die ihnen das bestimmte Geschenk machte. Seien Sie für den Wert oder das kleine Vergnügen dankbar. Bringen Sie ruhig etwas Mitgefühl in diesen Prozess ein. Danken Sie den höheren Kräften, die es Ihnen ermöglicht haben, wertvolle Dinge zu kaufen. Ihre Gedanken verschieben automatisch den Fokus vom Negativen zum Positiven.

Der passende Zeitpunkt, um aufzuräumen

Eine der besten Zeiten, aufzuräumen ist, wenn Sie mal wieder nach etwas suchen und nicht finden können. Sie finden eine ganze Menge an Unerwünschtem. Grundsätzlich aber immer das, was Sie nicht suchen. Das Durcheinander legen Sie beiseite. Sie schauen nun auf eine Menge Dinge, die alle nicht mehr ganz in Form sind. Fühlen Sie sich nicht etwas mies, wenn Sie Gäste haben, aber nicht die Menge an gleichen Weingläsern oder Tellern finden, die Sie jetzt gern hätten? Haben diese kleinen alltäglichen Situationen keinen negativen Beigeschmack?

Sie sind nicht in der Lage, Sachen zu finden oder das auszuwählen, was Sie besitzen. Das verwirrt und überwältigt Sie gleichermaßen. Sie fühlen sich wertlos und nutzlos trotz der Fülle. Der richtige Zeitpunkt, um etwas aufzuräumen und beiseite zulegen, kann jederzeit sein und das wird ihnen dann ein positives Wohlgefühl verleihen. Aufräumen und Organisieren ist eine schnelle Lösung, sich gut zu fühlen.

SIMONE KERBER

Vermeiden Sie digitale Unordnung

Digitale Unordnung ist in der heutigen Welt allgegenwärtig. Die Menge an Informationen, die in unseren Geräten gespeichert ist, ist atemberaubend. Jedes Unternehmen bereichert sich daran, uns Promotion-Mails zu senden. Blogs wollen, dass Sie ihre neuesten Nachrichten lesen. News-Websites sind mit dem Senden von Zusammenfassungen der Eilmeldungen, um Sie neugierig zu machen und am Ball zu halten. E-Commerce-Riesen sind glücklich, Ihnen stündlich Werbeangebote zu schicken, bis Sie einknicken und kaufen.

Ihr Posteingang ist nicht sehr organisiert, wenn Sie eine Million unerwünschte und ungeöffneten Mails vorfinden. Die Faustregel lautet: Haben Sie nicht mehr als 100 Mails in Ihrem Posteingang. Verwenden Sie strenge Spam-Filter und leiten Sie unerwünschte E-Mails direkt in Ihren Spam-Ordner. Erstellen Sie Ordner mit verschiedenen Kategorien von wichtigen E-Mails. Klicken Sie auf Abbestellen, wenn einige Updates keinen Wert mehr für Sie haben. Wir denken immer, dass diese Newsletter irgendwann noch einmal nützlich sein könnten, aber das passiert nie wirklich. Die meisten sind nicht wichtig oder relevant. Klug ist es deshalb, die Unordnung zu löschen.

Haben wir nicht alle schon einmal hundert aktive Icons auf dem Desktop oder mehrere digitale Dateien erstellt, die überall verstreut auf unserem Desktop liegen? Öffnen Sie nicht mehr als ein paar Programme gleichzeitig. Öffnen Sie maximal vier Dateien. Dies spart Zeit und Energie für das Umschalten zwischen mehreren Anwendungen und Dateien.

Trennen Sie die Verbindung zu unproduktiven Anwendungen wie Facebook, während Ihrer Arbeitszeit oder während sie Zeit mit Geliebten verbringen. Schließen sie alles. Ihr Leben wird nicht vorbei sein, wenn Sie nicht jedes einzelne Social-Media-Update erhalten. Ihre Kontakte können auch überleben, ohne dass Sie ihnen jeden Witz weiterleiten, den Sie erhalten. Das ist nichts als unnötiges Absaugen von Energie und Positivität. Schalten Sie Ihren Webbrowser während der Arbeit aus. Deaktivieren Sie WhatsApp, Text und E-Mail-Benachrichtigungen.

Tipps für das Aufräumen des zeitlichen Durcheinanders

Es ist nicht nur physische oder digitale Unordnung, die Sie in ein negatives Denkmuster führen können. Kommen Sie für wichtige Treffen immer unpünktlich? Fühlen Sie sich immer gehetzt, während Sie zur Arbeit gehen? Ihr Terminplaner kann äußerst unübersichtlich sein, oder sind sie tendenziell zu optimistisch mit der Zeit? Wir arbeiten oft in dem Glauben, dass für alles genug Zeit ist. Hier sind einige Tipps, um die wichtigste Ressource vor Unordnung zu beschützen.

Starten Sie früh in den Tag. Organisieren Sie ihren Morgen. Alles andere an Unordnung haben Sie bereits am Abend vorher erledigt. Der Morgen sollte mit einer positiven und frischen Energie beginnen. Stellen Sie sicher, dass die wichtigsten Aufgaben des Tages bis zum Mittag sortiert sind. Die Morgen sind nicht die beste Zeit für soziale Medien oder andere unproduktive Anlässe.

Ein realistischer Puffer zwischen mehreren wichtigen Sitzungen ist sinnvoll. Verbringen Sie einige Minuten damit, die Ziele des Treffens noch einmal durchzudenken. Wieder kann eine Zeit für eine Nachbesprechung investiert werden, um die Vorteile der Treffen zusammenzufassen und das Lernen zu assimilieren. Erstellen Sie unmittelbar nach der Sitzung einen Aktionsplan oder Notizen zur Nachverfolgung dieser Sitzung.

Lernen Sie, nein zu sagen, wenn Sie müssen. Wir haben die Tendenz, alles zu akzeptieren, was uns aber oft viel Energie für produktivere Aufgaben entzieht. Wir verlieren ein Gefühl für wirklich wichtige Dinge und am Ende führen wir alle Aufgaben nur noch halbherzig aus. Dies gibt uns jedoch das Gefühl von Unzulänglichkeit und vermacht Schuldgefühle, die uns schließlich in das Netz negativen Denkens einschließen. Wir fühlen uns gehetzt, ausgelaugt und gestresst am Gedanken daran, mehrere Aufgaben gleichzeitig sofort abschließen zu müssen. Sie müssen weder Multitasking-fähig sein, noch ein Mensch, der es allen recht macht.

Nutzen Sie die Organizer und Stundenpläne auf Ihrem Gerät. GebenSsie sich immer etwas mehr Zeit für Unverhofftes. Auch sollte ihre Reisezeit nicht auf die Minute kalkuliert sein, sondern lieber immer mit ein paar Minuten Puffer. Hören Sie Audio-Bücher und lesen sie ihre Notizen auf den Arbeitswegen, um Zeit zu sparen.

Kapitel 6: Halten Sie sich fern von instabilen Beziehungen

Zu Recht sagt man, dass Sie zum Durchschnitt der Menschen gehören mit denen Sie die meiste Zeit verbringen. Das Beste allerdings ist, dass Sie allein entscheiden, mit wem Sie ihre Zeit verbringen möchten und wer Ihre Zeit verdient und braucht. Zum Glück hilft ihnen die Technologie dabei sogar Fernbeziehungen aufrechtzuerhalten, weil Sie regelmäßig u.a. Textnachrichten schreiben können.

Positive Menschen sind regelrecht von einem Gefühl des Positiven durchflutet und übertragen dieses Gefühl auf andere. Sie verleihen Ihnen Energie, Inspiration, Motivation und einen starken Charakter. Wohingegen negative Menschen, Ihrer negativen Energie Freilauf geben. Sie schaffen es, dass Sie sich emotional aufgelöst fühlen, lenken Sie von Ihren Zielen ab und treiben Sie zu selbstzerstörerischen Aktivitäten an. Diese Menschen sind Opfer von schlechten Angewohnheiten und geben eigene emotionale Lasten weiter.

Je weniger Zeit Sie mit dieser Art von Menschen verbringen, desto besser wird es für Ihre Denkweise sein. Wie oft gab es Menschen, die ihnen versicherten, Sie seien nicht in der Lage ein bestimmtes Ziel zu erreichen? Weil diese Menschen dachten, es sei unmöglich. Was für ein Gefühl hinterlässt derartiges? Höchstwahrscheinlich ist es kein positives Gefühl.

Ein Umgang mit solchen Menschen hinterlässt Spuren von schmerzlichen Erinnerungen. Deren emotionale Unordnung kann auf Verrat oder Untreue oder Missbrauch zurückzuführen. Erinnerungen an diese Leute können mit Wut- oder Rachegefühlen,

Enttäuschung und Traurigkeit verbunden sein. Derartige Erinnerungen liefern automatisch die Verbindung von Negativität und negativen Gefühlen.

Wir schließen uns positiven und konstruktiven Beziehungen an, um uns vor schmerzlichen Erinnerungen an die Vergangenheit zu schützen. Dies ist nicht sehr förderlich für positives Denken. Es ist ein großer Kraftaufwand zu verzeihen und zum Alltag überzugehen. Hier sind einige leistungsstarke Tipps, die Ihnen helfen, sich los zu reißen und über toxische Beziehungen hinweg zu kommen.

Schreiben Sie eine Liste

Schreiben Sie eine Liste über die Dinge, die schädlich, verletzend oder ungesund in einer Beziehung waren. Dieses kann Ihnen dabei helfen, die emotionale Last aus der Vergangenheit, abzuschütteln und sich Positivem zu widmen. Vielleicht lieben Sie immer noch jemanden, der Sie eigentlich schlecht behandelt hat. Wenn Sie das einmal aufschreiben, wird es ihnen eine Perspektive über die Dinge geben, die nicht so perfekt waren wie Sie glauben. Das beste: Sie überlebten. Die negativen Seiten der Beziehung werden sichtbar und letztlich sind Sie dankbar für das Ende dieser Beziehung.

Selbstbestätigung

Denken Sie, dass Menschen, die Sprüche wie „Vergiss nicht einzigartig zu sein" oder „Iss Glitzer am Morgen und leuchte den ganzen Tag" an ihre Badezimmertür oder ihren Spiegel kleben, verrückt sind? Nicht wirklich. Sie nutzen brillant die Macht der Selbstbestätigung, um mehr Positivität in ihre Gedanken zu laden. Allein das Lesen und Wiederholen von Bestätigungen wie „Mein Leben ist voller Wunder" und „Ich ziehe Reichtum an" als erste Handlung am Morgen, verleiht ihnen ein Wohlgefühl.

Es bewirkt, dass Positives und Inspiration förmlich überlaufen. Sobald sich unsere negativen Gefühle als falsch erwiesen haben, sollten wir sofort zu positiveren Bestätigungen wechseln. Das hilft uns, der Hoffnungslosigkeit mit neuen Überzeugungen und positiven Gedanken entgegenzuwirken. Ihr gedanklicher Ton ändert sich von „Ich bin nicht gut genug, geliebt zu werden" zu „Ich bin nicht perfekt, aber ich verdiene es, geliebt zu werden."

Treffen Sie authentische und positive Menschen

Listen Sie einmal die Menschen auf, die positiv, inspirierend und authentisch auf sie wirkten. Umgeben Sie sich mit Menschen, die durch schmerzhafte Beziehungen gegangen sind und daraus gestärkt hervorgingen. Diese Menschen können Sie begeistern und Ihnen helfen, sich selbst aus dem Netz derartiger Beziehungen zu befreien. Sie heben ihre Laune, helfen ihnen sich besser zu fühlen und leiten Sie dabei in ein positives, leichtes Leben, ohne Lasten.

Um mit einer Trennung fertig zu werden, brauchen Sie die Hilfe von Freunden und Familie. Sie helfen ihnen diese Phase zu überstehen, neue Hoffnung zu schöpfen und wieder zu sich selbst zu finden.

Zögern Sie nicht, professionelle Hilfe anzunehmen, um den Schaden, der ihnen zugefügt wurde, zu verarbeiten. Ihre Gedanken müssen abgelenkt und wieder neu erbaut werden sowie sich auszurichten zu konstruktiver Beschäftigung, die Sie auf den Weg der Genesung bringen. Emotionale Unterstützung und Positivität kann Ihnen helfen, Negatives leichter zu verdauen und eine stärkere und positivere Person hervorbringen.

Geheilt und hoffnungsvoll

Kelly McDaniel hat zu Recht in ihrem Buch „Ready to Heal" darauf hingewiesen, dass der Ausbruch aus einer schwierigen Beziehung viel zu viel Energie verbraucht, gleichwertig mit einem Vollzeitjob. Emotionale Distanz kann eine der schwierigsten

Herausforderungen unserer Existenz sein. Sie brauchen Schlaf, emotionale Ruhe und einige Zeit zu trauern. Es ist wie eine Achterbahn der Emotionen. Einerseits sind Sie froh darüber, dass diese giftige Beziehung vorbei ist und gleichzeitig fällt es ihnen schwer los zu lassen. Heilen Sie sich von der Schuld und dem Schamgefühl.

Atmen Sie tief ein, während Sie sich selbst sagen, dass die Beziehung aus einem bestimmten Grund endete. Es sollte nicht sein, aber schönere Dinge warten auf Sie. Das Negative in ihrem Leben wurde abgeworfen, um Platz für mehr positive und erfüllende Beziehungen zu machen. Sagen Sie sich, dass die Schmerzen, Schuld, und das Vertrauen heilen werden. Sie werden zukünftig Frieden, Hoffnung und Erfüllung finden, wenn Sie die Stärke beweisen, über derartig schädliche Beziehungen erhaben zu sein.

Bitte kein Drama

Eine der besten Möglichkeiten sich aus schadhaften Beziehung zu befreien, ist, dies ohne Drama zu tun. Je weniger dramatisch, manipulativ, unehrlich und erniedrigend, desto leichter für Sie, die Trennung zu bewältigen. Halten Sie sich fern von allem Blödsinn. Vermeiden Sie den hochgehaltenen Zeigefinger oder Spielchen und Manipulationen. Wenn nötig - entschuldigen Sie sich. Nehmen Sie keine Sticheleien oder Beschimpfungen hin.

Akzeptieren Sie die schönen und nicht so schönen Dinge der Beziehung. Verschwenden Sie keine Zeit, in dem sie anderen ihre Sichtweise aufzwingen. Wenn sie es verstehen wollten, hätten sie das erkannt. Akzeptieren Sie, dass es vorbei ist und ziehen Sie weiter. Es wird sicherlich nicht einfach sein, aber es wird wahrscheinlich das Beste, was Sie jemals für sich getan haben. Ihre Gedanken, Gefühle, ihr Verhalten und Selbstwertgefühl können einen massiven Schub bekommen.

POSITIV DENKEN

Bestechen Sie sich

Auch, wenn viele Eltern als Experten nicht glauben möchten, dass dies die beste Technik ist, haben sich einige Dinge als sehr wertvoll und lohnend herausgestellt, um ein Ziel zu erreichen. Belohnen Sie sich stufenweise, wenn Sie eine schädliche Beziehung beendet haben. Der erste Meilenstein könnte sein, für ein paar Wochen Abstand zu halten von dieser Person. Gehen Sie Mittagessen oder Kaffeetrinken mit Ihrem besten Kumpel. Wenn Sie mehrmals „nein" zu dieser Beziehung sagen können, dann feiern Sie sich, indem Sie Ihr Lieblingsbuch kaufen oder sich ein Dessert gönnen.

Behalten Sie einen kühlen Kopf

Eine schädliche Beziehung führt beispielsweise dazu, dass ihre positive Einstellung förmlich versickert. Auch wenn das jetzt unmöglich für Sie klingt: Gehen Sie aus, nach der Trennung und verabreden Sie sich. Treten Sie in Clubs ein, wo Sie Menschen mit ähnlichen Hobbies treffen. Melden Sie sich für freiwillige Arbeit an, bei der Sie auf mehr positive, selbstlose und motivierte Menschen treffen. Menschen, die genauso leidenschaftlich sind und Sie dazu beitragen können diese positive Stimmung zu bereichern. Gehen Sie raus und treffen Sie auf Menschen, die ihnen helfen, Ihr Vertrauen in sich selbst und andere wiederherzustellen.

Am Anfang sind Sie vielleicht nicht gleich wieder emotional auf der Höhe, was aber auch absolut in Ordnung ist. Sie sollten sich deshalb auch nur zu lockeren Treffen verabreden, ohne Aussicht auf etwas Ernstes.

Verwechseln Sie nicht Liebe mit Sucht

Neurochemische Studien haben gezeigt, dass Menschen, die behaupteten, schwer verliebt zu sein, auf gezeigte Bilder ihres Partner, ähnlich reagierten wie ein Süchtiger, der nach Kokain verlangt. In gesunde Beziehungen geht es um Respekt, Engagement und

Vertrauen genauso wie um Aufregung und intensive Leidenschaft.

Partner, die widersprüchliches Verhalten zeigen, lassen Sie zappeln und machen Sie durch ihre Art süchtig. Reißen Sie sich los von Beziehungen, die wie Sucht auf Sie wirkt, und sich nicht nach liebevoller Bindung anfühlt. Befinden Sie sich in einer Art Suchtbeziehung, wird ihre positive Energie abgesogen. Sie fühlen sich emotional aufgelöst und ihre Gedanken sind ständig damit beschäftigt sich das Schlimmste auszumalen. Ihr Selbstwertgefühl sinkt, die Abhängigkeit von anderen und deren Bestätigung steigt.

Viele Menschen sehen in verbalen Angriffen keinen Missbrauch. Allerdings kann verbaler Angriff schwere emotionale Verwüstungen anrichten. Echte bzw. gesunde Liebe ist niemals verletzend oder erniedrigend. Ihr Geliebter oder ihre Geliebte sollte für Sie da sein, um Sie zu trösten und ihnen zulächeln. Seine Rolle ist nicht, Sie zu erniedrigen oder Ihre Gefühle zu verletzen. Finden Sie eine Person, die Sie mit Zuneigung, lieben Worten und wahrer Liebe überhäuft. Geben Sie sich nicht mit jemandem ab, der Sie körperlich missbraucht. Das schädigt ihren geistigen Zustand immens.

Eines der schlimmsten Dinge, die Menschen tun können, um ihre positive Einstellung zu zerstören ist, wenn Sie in ungesunden Beziehungen leben. Und das nur, weil Sie nicht alleine sein wollen. Wenn Sie weiterhin in einer destruktiven Beziehung bleiben, fokussieren Sie sich nicht darauf, Mr. oder Mrs. Right zu finden. Aber mit der richtigen Person an ihrer Seite entdecken Sie auch ihre Positive Seite an sich wieder. Denn: Die richtige Person bringt sowohl das Beste von ihnen zum Vorschein als auch das Positive zurück in ihr Leben.

Vergebung an sich selbst

Menschen geben sich tendenziell eher selbst die Schuld für ein Scheitern einer Beziehung. Dies führt unweigerlich zu Schuldgefühlen, Scham, Bedauern, Schmerzen und vielem mehr. Wir beschuldigen uns und leben mit der emotionalen Last für viele Jahre. Dies ist kontraproduktiv für positives Denken. Sie fühlen sich schuldig, wenn Sie jemand schlecht behandelt oder weil sie Anzeichen dieser Beziehung nicht bereits früher bemerkt haben. Missbrauch in Beziehungen kann häufig Scham und emotionalen Narben hinterlassen.

Vernünftig wie Sie sind, verzeihen Sie sich. Beginnen Sie den Prozess der Selbstvergebung, indem Sie alles aufschreiben oder laut vor sich her sprechen. Sagen Sie sich, dass es in Ordnung ist, Fehler zu machen, und ziehen Sie entsprechende Lehren daraus. Jede gescheiterte Beziehung lehrt Sie etwas im Nachhinein. Seien Sie dankbar für die Beziehung und ziehen Sie weiter. Sie werden sich nicht dafür bestrafen in einer solchen Beziehung gewesen zu sein. Es ist Zeit, das Kapitel zu beenden und das nächste lohnende Kapitel deines Lebens zu beginnen. Wenn Sie Ihre Vergangenheit abschließen, machen Sie Platz für die Zukunft. Wenn Sie sich ihre vergangenen Taten vergeben, erstarkt ihre Hoffnung auf eine neue, rosige Zukunft.

Verlieren Sie sich niemals in den Folgen einer schadhaften Beziehung. Widmen Sie sich Ihren Hobbys und Leidenschaften. Melden Sie sich für einen Kurs oder in einem Club an. Nehmen Sie das wieder auf, was Sie während dieser Zeit nicht mehr getan haben. Das kann alles sein, ob eine Teilzeittätigkeit oder das Bemühen um eine Auszeichnung.

Kapitel 7: Machen Sie sich keine Sorgen

Sorge beginnt mit einem potenziell quälenden Gedanken. Vielleicht wird er ausgelöst von einer kleinen und harmlosen Sache. Aber solch ein kleiner Zweifel schafft mehr Zweifel. Bevor Sie selbst erkennen, was los ist, braut sich schon der Sturm zusammen. Sie denken irrational, unrealistisch und stark übertrieben. Ihre physische, psychische und mentale Energie sinkt rapide.

In ihrem Geist herrscht nun Chaos. Sorgen und negative Gedanken beeinflussen die Art, wie Sie denken, handeln, fühlen und sich verhalten. Dies verhindert, dass Sie ein erfülltes und glückliches Leben führen können. Wie ist es möglich, sich keine Sorgen zu machen? Welche Techniken gibt es, die ihnen ein sorgenfreies Leben ermöglichen? Wie schaffen Sie es, sich weniger oder sogar keine Sorgen zu machen und dafür ein glückliches Leben zu leben? Im Folgenden lesen sie einige solide und einfache Tipps sich vom Sorgenkreislauf zu befreien.

Erkennen Sie das Problem

In seinem Buch „The Worry Cure: Seven Steps tp Stop worry from Stopping you", Robert Leahy beschreibt, dass sich 38% der Privatpersonen täglich um etwas sorgen. Schlussfolgernd bedeutet das, dass es eine ganz normale Angewohnheit zu sein scheint. Aber es kann schnell zu einem Dauerproblem werden, wenn sich ein Muster im Alltag bildet.

Bedenken Sie, dass ein ständiges „sich Sorgen machen" zu Schlafmangel oder Essstörungen führen oder sie vom Arbeiten abhalten kann. Sind bereits Symptome wie diese existent, seien Sie in alarmiert. Denn hinzu können Muskelverspannungen oder Depressionen oder Verdauungsstörungen auftreten. Menschen, die sich chronisch sorgen, sind auch meist gestresst und depressiv. Sie verlieren den Fokus auf die Dinge, die gerade stattfinden, weil Sie sich nicht mehr mit der Gegenwart beschäftigen, sondern mit dem „Was ist, wenn…". Wenn dies Ihr Problem ist, packen Sie es an.

Beachten Sie das Gesetz des Durchschnitts

Sie werden sich automatisch weniger Sorgen machen, wenn Sie an das Gesetz des Durchschnitts denken. Die Wahrscheinlichkeit, dass ein bestimmtes Ereignis eintritt, ist nicht so hoch, wie Sie glauben. Wenn Sie mit einem Flugzeug fliegen und einen Absturz befürchten, dann sollten Sie sich mit der Tatsache beruhigen, dass die Chancen, getötet zu werden 1 zu 29,4 Millionen stehen oder, dass es 12,25 Todesfälle pro 1 Million Flugstunden gibt. Die Chancen stehen also offensichtlich ganz zu ihren Gunsten sicher zu landen. Leider liegt es in unserer Natur, dass wir immer das Schlimmste befürchten. Die Aussichten stehen gut, dass alles, was ihnen Sorge macht, höchstwahrscheinlich nicht begründet ist.

Wenn Sie sich wieder einmal Sorgen, ist es wichtig, dass Sie den Fakten ins Auge sehen. Ein Team von Forschern verfolgte das Leben von Studenten für ein Jahr, um zu beweisen, dass 85 Prozent der Probleme, über die sie sich sorgten, sich hinterher als neutral und positiv herausstellten. Sogar die Dinge, die sich als negativ erwiesen, wurden von 78 Prozent der Befragten gut bewältigt. Lernen Sie, Ihre Vorhersagen zu verfolgen. Wenn ungefähr 90 von 100 Ihrer pessimistischen Vorhersagen falsch sind und Sie ein guter Problemlöser sind, gibt es wenig Grund sich zu sorgen. Sie werden allmählich erkennen, dass Ihre Sorgen völlig unbegründet sind.

Sehen wir uns das ganze vereinfacht an. Leahy hat eine ziemlich wirksame Technik vorgeschlagen, sich ihren Sorgen zu stellen. Denken Sie an das Beste, das Schlimmste und alles dazwischen. Menschen, die sich tendenziell oft Sorgen, gehen immer vom Schlimmsten aus. Wenn Sie erst einmal erkannt haben, dass sogar das Schlimmste Szenario am Ende gut ausgeht, fühlen Sie sich wohl.

Produktive oder destruktive Sorge?

Finden sie heraus, ob ihre Sorgen eher produktiv oder destruktiv sind. Produktive Sorgen machen Sie nachdenklich und lenken Sie hin zu sinnvollen Aktionen, mit denen Sie erhebliche Fortschritte machen. Zum Beispiel sind Sie nervös über eine bevorstehende Präsentation. Produktive Sorgen werden Sie dazu bringen, ihre Präsentation zu überprüfen, zu ändern oder eine Sicherungskopie davon anzulegen. Sie werden schnell von ihren Sprachnotizen abgehen und in die letzten Minuten der Präsentation noch einmal richtig loslegen und überzeugen.

Unproduktive Sorgen machen Sie ohne einen Grund oder eine Tat nervös. Sie stellen sich etwas Schlimmes vor und werden nervös. Plötzlich führen irrationale und unwirkliche Gedanken in nur eine Richtung. Was ist, wenn der Projektor abstürzt? Was, wenn das Publikum mich mit Zwischenrufen unterbricht? Was, wenn ich einen Herzinfarkt auf der Bühne habe? Diese übertriebenen und imaginären Ängste schwächen Ihr Vertrauen. Dies spiegelt sich in der Art wider, wie Sie während der Präsentation denken, sprechen und sich verhalten. Ihre Körperhaltung verliert an Ausstrahlung. In ihrer Stimme klingt wenig Selbstbewusstsein heraus. Sie sind kaum hörbar. Das ist der unproduktiven Sorge zu verdanken. Aber auch das kann behoben werden, wenn Sie das Ungewisse akzeptieren.

Beschäftigen Sie sich

Unserem menschlichen Geist ist es nicht möglich, über etwas noch nicht Eingetroffenes hinauszudenken. Und denkt man auch von sich brillant zu sein, es wird nicht klappen. Die gleichen Voraussetzungen gelten bei unseren Emotionen. Sie können nicht verzückt und gleichzeitig von Angst erfüllt sein. Verdrängen Sie den Gedanken und widmen sie sich einer anderen Aktivität, die Sie beschäftigt. Werfen Sie ihre Sorgen über Bord, und machen Sie den Weg frei für positive Gedanken. Menschen, die sich oft sorgen, können sich davon heilen, indem Sie an ihrem Zeitplan arbeiten und sich besser organisieren.

Beschäftigen Sie ihren Geist mit stimulierenden Tätigkeiten. Sehen Sie sich ein Motivationsvideo an. Treiben Sie Sport. Lesen Sie ein Buch. Bringen Sie sich ein bei Denkspielen. Gehen Sie ihrem Hobby nach. Erlernen Sie eine Kunst. Melden Sie sich für einen Sprachkurs an. Reisen Sie. Wenn Ihr Geist mit konstruktiveren und herausfordernden Aufgaben beschäftigt ist, die Ihre kognitiven Fähigkeiten herausfordern, wird der Sorgendämon in Schach gehalten.

Wagen Sie den Sprung

Wenn Sie tatsächlich etwas tun, was ihnen seit langer Zeit Sorge bereitet hat, werden Sie es für immer mit sich herumtragen. Sehr häufig sorgen wir uns um unsere angeblich ungenügenden Fähigkeiten etwas erfolgreich zu vollenden. Aber da gibt es diese innere Angst, die es uns nicht ermöglicht, etwas anzupacken.

Wählen Sie etwas, das Sie schon immer tun oder noch besser machen wollten oder tun Sie es wieder. Geben Sie Ihr bestes. Denken Sie daran - Sie verlieren nichts, wenn sie es versuchen. Sie allein halten sich zurück, und das bedeutet, dass Sie bereits aufgegeben haben. Das wiederum erlaubt es ihnen dann nicht, bestürzt zu sein, wenn es nicht geklappt hat. Anstatt darüber nach zu denken, was andere denken, treten Sie besser in einen Wettbewerb mit sich selbst. Jetzt ist ihre Leidenschaft und deren Aufrechterhaltung gefragt. Es wird Sie schneller zum Erfolg führen als sie glauben. Allmählich werden Ihre unbegründeten Sorgen verschwinden, wenn Sie verstehen, dass 75 Prozent des Erfolges von den richtigen Maßnahmen abhängen.

Menschen, die erfolgreich und glücklich sind unterscheiden sich nicht von ihnen. Der einzige Unterschied ist, dass sie Sorgen, Ängste und negative Gedanken einfach nicht zu lassen, damit positive Maßnahmen nicht behindert werden. Folgen Sie dem, was sie nach dem Abwiegen aller Optionen schon immer machen wollten, ohne Angst zu versagen. Es kann die Einführung eines Start-UPs sein, dass Sie schon immer aufbauen wollten oder das Erlernen einer Kampfsportart oder reisen Sie allein. Wenn Sie dann etwas tun, wovon Sie vorher negativ dachten, und es wird ein Erfolg, dann ist das ein Treffer für ihr Selbstbewusstsein.

Fragen Sie nicht „Was wäre wenn...", sondern „Wie schaffe ich es, dass..."

Sie sollten die Häufigkeit ihrer sich sorgenden Gedanken minimieren und sich eher der Problemlösung widmen. Also, anstatt zu denken, was, wenn ich meine wichtigen Notizen für die Präsentation verliere, bedenken Sie lieber, alle Möglichkeiten, diese zu sichern, beispielsweise mit einer Sicherungskopie. Gibt es einen Plan B, wenn technische Probleme auftreten? Sind Sie mit diesem Plan B vorbereitet, wenn Plan A nicht funktioniert? Was Sie jetzt tun: Sie ändern einfach ihre Denkweise von „was wenn" zu „wie kann ich dies tun." Wenn Sie sich sorgen, dann werden Sie keine realistischen und praktischen Lösungen finden.

Wenn Sie sich auf ein Vorstellungsgespräch vorbereiten, dann konzentrieren Sie sich auf die Vorbereitung, nämlich auf die Antworten, die Sie im Interview geben wollen. Nicht der Fokus auf „Was, wenn ich im Interview versage", ist jetzt wichtig.

Leben Sie in der Gegenwart

Wie können Sie die Gegenwart genießen, wenn Sie sich ständig Sorgen um die Zukunft machen? Verlieren Sie keine Zeit für die

Sorgen um die Zukunft, sondern konzentrieren Sie sich auf das Hier und Jetzt. Geben Sie ihren Problemen eine Berechtigung, aber seien Sie nicht zu nachsichtig mit ihnen. Legen Sie ihren wert auf ein Leben im Jetzt und fokussieren Sie sich auf das, was sie gerade tun.

Lesen Sie ein anregendes Buch, spielen Sie mit ihren Kindern oder sehen Sie sich eine interessante Fernsehsendung an. Brechen Sie mit den sorgenden Gedanken und bleiben Sie anwesend im Jetzt. Wenn nichts anderes funktioniert, lächeln Sie einfach. Es ist unmöglich, deprimiert zu bleiben, wenn sich Symptome des glücklichseins und positiven zeigen.

Begrenzen Sie ihre Verantwortlichkeiten

Viele Menschen sorgen sich, weil Sie anderen gefallen wollen und kümmern sich deshalb auch um alles. Sie streben nach Perfektion, die Sie hoffen durch eine Vielzahl von Aufgaben zu bekommen. Der Versuch, Aufgaben anzunehmen, von denen Sie wissen nicht fähig zu sein, diese zu bewältigen, dann ist das ein sicherer Auslöser für Stress. Stress führt dazu, sich zu sorgen. Und ihre Unfähigkeit, mit mehreren Aufgaben nicht fertig zu werden, führt automatisch zu Nervosität und Frustration.

Sie sollten sich und andere erinnern, dass Sie nur so viele Aufgaben abarbeiten können, die wichtig sind, um Sie gut zu machen. Alles andere wird nur ein großes Durcheinander. Es ist auch völlig in Ordnung, andere um Hilfe zu fragen und Verantwortung abzugeben und zu teilen.

Sie können Aufgaben delegieren oder die Hilfe von Mitarbeitern annehmen. Dies bedeutet nicht, dass Sie sich nicht um ihre Arbeit oder die Menschen kümmern. Es bedeutet einfach, dass ihre Arbeit und ihr Leben im Moment höchste Priorität verdient, um sich weniger Sorgen zu machen. Übernehmen Sie also nur diese

Aufgaben, die Sie auch gut bewältigen und versichern können, dass diese auch erfolgreich beendet werden und zwar ohne, dass sich in ihrem Verstand wieder Sorgen breit machen.

Wenn Sie Zeit mit der Hilfe für andere investieren, begrenzen sie diese. Planen Sie genau die Zeit, die Sie für andere brauchen. Alles andere bewirkt Zeitdruck und Sorgen. Denken Sie daran, Sorgen bringen keine Lösungen. Sorgen sollten keine Berechtigung dafür sein, über etwas hinwegzukommen oder eine Grenze zu erzwingen, egal was es ist.

Übungen

Übungen eignen sich sehr gut, um Sorgen und Stress zu eliminieren. Studien haben gezeigt, dass Übungen die Hirnaktivität und den Ausstoß von Serotonin, dem Wohlfühlhormon, erhöhen. Es verringert auch die Konsequenzen von oxidativem Stress. Übungen sind ein Eingriff, um Angst und Stress zu senken. Intensive körperliche Aktivität wie Radfahren oder Aerobic oder Laufen oder Tanzen sind ideale Übungen. Es kann Sie in einen Rausch versetzen und ermöglicht Ihnen, Ihren Körper und Geist auf die Gegenwart ohne Sorgen einzustellen.

Mut zur Nachsicht mit sich selbst

Dr. Susan Love sagte der New York Times in einem Interview, dass der Glaube, alles auf einmal an Übungen und Regeln umsetzen zu wollen, zu einer Quelle des Sorgens und des Stress wird. Sie fügt hinzu, dass es uns nicht möglich ist, eine makellose Gesundheit zu haben, und dass die Menschen im Allgemeinen viel gesünder sind als Sie selbst von sich meinen. Sie sind nun mal nicht unsterblich.

Ihr Ziel muss es sein, ein qualitativ hochwertiges Leben zu leben, so lange wie es geht. Sie werden nicht tot umfallen, wenn Sie jetzt nicht jeden Tag eine Schüssel mit Obst ssen oder sich doch noch spät abends ihr Lieblingsdessert gönnen. Es ist in Ordnung, einmal loszulassen. Seien Sie nicht zu streng mit sich, gönnen Sie sich öfter mal etwas und lassen Sie auch einmal Schwäche zu.

Glauben Sie an sich

Bestimmte Dinge wie Naturkatastrophen, Wetterbedingungen, Unfälle, Tod und andere ähnliche Faktoren, können nicht kontrolliert werden, egal was Sie tun. Das sind unaufhaltsame Ereignisse, die von einer höheren Kraft ausgehen. Vertrauen Sie ihren Fähigkeiten oder lernen Sie dieses wiederherzustellen.

Glauben Sie an sich, wenn es darum geht, ihre Probleme zu handhaben, über die Sie allein die Kontrolle haben. Und hören Sie auf sich um Dinge zu sorgen, die außerhalb ihrer Kontrolle liegen. Was Sie tun können ist, sich auf Dinge gut vorbereiten. Vertrauen Sie ihrer Fähigkeit Probleme, wenn sie aufkommen, bewältigen zu können. Ja, es sterben Tausende bei Autounfällen, aber würden sie deshalb aufhören Autozufahren? Warum? Sie vertrauen also ihrer Befähigung sich lieber weg zu ducken vor extremen und unglücklich geschehenen Ereignissen. Sie sorgen dafür, dass alle Sicherheitsmaßnahmen wie das Lernen sicher zu fahren, schnell auf Straßenänderungen zu reagieren, das Tragen von Sicherheitsgurten, das Fahren mit zulässiger Geschwindigkeit und vieles mehr, gewährleistet sind. Verwenden Sie die gleiche Einstellung in anderen unkontrollierbaren Lebenssituationen.

Schlussfolgerung

Vielen Dank, dass sie das Buch heruntergeladen und es bis zum Ende gelesen haben.

Ich hoffe, es konnte Ihnen gute Expertenstrategien und Tipps für einen Alltag mit positiven Gedanken geben. Das Buch ist gefüllt mit vielen leicht umsetzbaren Informationen und praktischen Hinweisen, die Sie für positives Denken brauchen.

Wählen Sie aus verschiedenen Weisheiten kleine Schätze heraus. Wenn diese zu ihren Lebensumständen passen, folgen sie ihnen. Lassen Sie uns hoffen, dass dieses Buch in der Lage ist, Ihnen zu helfen, Ihre positiven Gedanken bei produktiven und sinnvollen Tätigkeiten zu kanalisieren, um Ihre Ziele zu erreichen.

Der nächste Schritt wäre dann, mit den Strategien im Buch erfolgreich zu werden. Wissen ohne Taten ist sinnlos. Setzen Sie Ihr Wissen in die Tat um und erleben Sie die erstaunlichen Ergebnisse positiven Denkens, in jeder Sphäre Ihres Lebens.

Und wenn Sie das Buch hilfreich fanden, möchte ich sie bitten, ihre Gedanken zu teilen und es zu bewerten. Das würden andere Interessierten in hohem Maße schätzen.

Feiern sie nun ein erfülltes, freudvolles und positives Leben!

www.ingramcontent.com/pod-product-compliance
Lightning Source LLC
Chambersburg PA
CBHW061217180526
45170CB00003B/1038